Carol作品集

Carol作品集

蝴蝶·走走看看

HUDIE ZOUZOU KANKAN

——关于孩子的生活、教育与学习

谢淑美（豆芽·蝴蝶的妈妈）／著

目录

【第二辑】关于台湾的教育现况

【第三辑】关于阅读、性格的培养、才艺的学习

序

吃饱、睡好、玩够……其他的再说

文 / 谢淑美

有一天，我看到一个朋友的MSN标题是：“宝贝今天开始上课喽……”

而我知道这个朋友的孩子才刚满一岁。

我问：“要上什么课呀？”

我很好奇一个这么小的小小孩要上的是什么样的课程呢？

朋友回我：“没有啦……就是让他去玩一玩。”

从“上课”到“玩一玩”，这中间的意义落差其实很大。我很不死心地一再追问到底是玩什么呢？最后得到的答案是要去上一些感觉统合、左右脑开发兼音乐和画画的课。照朋友的说法是：“一堂课四十分钟，就是让孩子去玩个四十分钟嘛，也不是真的要他学什么……”

我很多事地跟我的朋友抬起杠来。

首先，我们得厘清“玩”的定义是什么？

我记得我小时候有时是自己一个人玩，有时是跟一群左邻右舍的小孩玩，爸爸妈妈不会闲到没事还帮我安排玩伴。我们这一秒玩家家酒，下一分钟爬树，中间可能还穿插看书或鬼画符地一阵乱画，没有人会规定我们每一项玩具要玩多久。所以，简单地说来，要让一个孩子“玩”的意思应该是

指让这个孩子在自由意志下选择玩伴，决定玩的形态和内容，高兴玩多久算多久。孩子透过每日多变的、不可预期的各式玩具或玩法，逐渐锻炼出娴熟掌控肢体的能力，开发出记忆及思考的诸多脑部潜能，同时也累积出人我互动的处理经验，然后，发展出一套属于自己跟这个世界对应的方法和能力。

试着想象一下这样的画面—— 大人（妈妈或是老师）拿着秒表对孩子喊：“计时开始！从现在开始四十分钟，你只能玩积木，或者是唱歌、跳舞，或者是看着在你面前不停歇的闪字卡……不管你喜不喜欢，中途出现任何状况，你都得继续这项游戏……直到四十分钟后。”

这是上课，不是玩。

而任何经过太精密计算目的、功效的计划性安排，不只是远离了“玩”的最初意义，同时，也命定了只能把孩子带离“创意”“趣味”“想象”这些每一个孩子与生俱来的美好天性，一路急奔向索然无味的人生而已。

这一切只因为大人的世界竞争太激烈，竞争引起了过多的焦虑，焦虑令爱孩子的父母失了方寸，忘了孩子真正的成长需求，禁不住只想早早为孩子备好将来竞争的筹码，终于，孩子们自小便失去了身为一个孩子最最基本的权利——自由玩乐、探索的机会。

我有一个在大学任教的德国朋友向我提过一个台湾现象，她说：“你们台湾的父母都很专业，大家都知道‘感觉统合’‘左右脑开发’之类很专业的名词，在德国，并不是那么多的父母懂得这些名词的……”

但是，很遗憾的是，我们其实心知肚明，这些育儿专业术语大都来自于幼教用品、教材的商品包装宣传，我们以为让孩子早早参与最科学的设计课程，便能赢得先机，却忘了生养孩子其实是所有生物最原始的本能，只要依着自然的节奏行进，成长便会在每一天中慢慢地累积……

我家豆芽过了这个暑假即将上小学四年级，她活泼开朗，对于这个世界怀抱着好奇与热情，不上安亲班、不写评量[1]的她，功课也不差。当然，终究还是个孩子，有时也偷懒、耍赖。每天每天，我和她一起生活着，陪她吃早餐，为她准备便当，听她说遇见的事，也念书给她听。我总是想起她过去的一些生活上微不足道的小事，那些事不是她的英语说得多好，也不是数学考了几分，我始终记得的是她腻在我身上撒娇的笑，还有她难过时的泪……

蝴蝶妹妹出生时，我已经不只是个理论派的妈妈，

---

[1] 模拟试卷。

带豆芽的经验令我成为一个更能理解孩子的妈妈。当然，面对与豆芽性格完全迥异的蝴蝶，我还是得重新学习另一些功课，而这些功课便如同豆芽当初带给我的一样，充满挑战及趣味。两个女儿，引领我重新获得两次难得的童年经验。

这几年，因为豆芽和蝴蝶，我的书写总是和孩子相关。但我不认为自己是什么专家。我不太懂什么是感觉统合，也不在意左右脑开发，我的所有和孩子互动的理念，完全来自于真实的生活。

带孩子，我唯一的信仰是自然地生活。

对于孩子的生活，我也只在乎让她们吃饱、睡好、玩够。

至于其他的，再说吧……

第一辑

关于孩子的生活

爱他，请先了解他的需要

豆芽出生前，我从来没有想过自己有一天会成为母亲，因为没有预期扮演这样的身份，便毫无准备。当我初次面对一个五十三公分的软绵绵小婴儿时，简直慌了手脚。我连包尿片都不会，更不敢帮豆芽baby洗澡了，一切都得仰赖我妈妈。

我时常趴在婴儿床边，眼睛眨也不眨地盯着豆芽看。

她一句话也不说，心里都在想些什么呢?

她会认得我是她的妈妈吗?

我知道她是一个外表有些像我但个性可能跟我不太一样的人。我一点也不了解她，那么，我该如何理解她的需求?

我担心，她喝的奶量够不够？如果生病了，她没办法自己表达哪里不舒服，我该怎么跟医生沟通呢?

更可怕的是，如果医生问我：“baby这几天食欲好吗？”我认为的好或不好跟医生的标准是否一致呢?

满脑子疑惑的我，想到了一个土法炼钢的方式，开始一天天地记录下豆芽baby的饮食作息。几点起床，喝了多少奶水，一天便便了几次，乃至于便便的颜色、分量，我都仔细观察、翔实记载。等到她长大一些，会翻身、学爬、学走、学讲话，有了更多的自我情绪、意念和主张，我的记录里便多了每日发生的故事，不再只是吃吃睡睡而已。

我用立可拍拍下豆芽摇摇晃晃走出第一步后跌倒的影像，也录下蝴蝶坚毅不挠地学爬的画面。豆芽第一个开口说的字是“花”；蝴蝶第一个认得的字，也是“花”。

这些记录帮助我了解了孩子们生命初期的学习样貌，豆芽有十本，记录到她两岁；蝴蝶也有十本，一样记录到两岁。

观察她们的生活饮食，体会她们的心理感受和所有情绪的起伏，她们好似还在我的肚子里一样，与我贴近。渐渐地，我对这两个小女娃儿才有了一点点的了解。因着了解，我才能在她们成长的过程中，感受她们的喜怒哀乐，陪她们一起面对生活的、求学的诸般恼人问题，然后，一同庆祝解决纷扰的喜悦，夜半并肩垂泪人生的无奈……

除了关照孩子的内心活动之外，妈妈们也需要留意孩子的生理发展。

孩子有大约近似的成长历程，我们说的“七坐、八爬、九发牙”，说的便是大部分孩子的生理发展进度，八九不离十。作为一个妈妈，要有这些孩子生长的基本概念，以便协助孩子长得好或及时发觉他的成长缓慢，趁早寻求更专业的医疗救助。

但我们同时也得知道，每一个孩子都是独一无二的独立个体，他们在某些样貌或特质上会像爸爸或妈妈，但不必然会变成爸爸妈妈的分身，终究，我们还是得让孩子做他自己。

同一家的兄弟姐妹也未尽相同，相貌如是，性格也是如此。作为父母的我们，得仔细地去分辨孩子们之间不同的特质，提供适情适性、不一定完全相同的学习资源。

我家豆芽念了全美语的幼儿园，蝴蝶念了蒙台梭利系统的幼儿园；豆芽小一[1]才学游泳，蝴蝶中班已经是水中蛟龙……

完全一样的教育资源是假平等。几千年前孔老夫子已经说“因材施教”，现在我们普遍的家庭顶多两三个孩子，没有道理蒙住眼睛，不看

[1] 小学一年级。

异同，两三个孩子全都一个样地养。

孩子有时悲伤……

开朗的、健康的、自律自发的孩子符合社会的期待，大人带起来显得得心应手、少麻烦。怯懦的、多病的、需要人时时驱使叮咛的孩子，也未见得就磨人。只要我们接受孩子是有各式各样可能样貌的，心平气和地陪伴他们成长，大约都可以收到来自于孩子们的很好的回馈。

我时时听闻很多父母忧心自己的孩子不够开朗、积极乐观。我要特别为这样的孩子说说话……

这些孩子可能需要比较多的时间做准备，才能融入所处的环境，这类孩子便是所谓“胆小怕生”的孩子。如果父母不断地逼迫孩子做他害怕的事，通常只会使孩子变得更胆怯，然后，他的精力和智力便不会用在探索未知，而是用来想办法逃避压力。如果大人们可以小心地不逼迫孩子超越他的勇气极限，他必然会愈来愈勇敢。

孩子有时开心……
开心或悲伤，
都是真实的她……

了解一个人需要有很细腻的心，愿意去感受对方所感，同时，还要肯花很长的时间投入，耐心地等候。最终，可能还得要有一个开阔宽容的胸怀，接受可能符合你期待或者完全背离你期望的孩子。

《先知》(*The Prophet*) 是我珍藏的书之一。纪伯伦在书中谈论到了爱、婚姻、孩子、工作、快乐与悲伤、法律、自由、友谊、善与恶、宗教及死亡等等议题，见解深刻隽永，我在生命中的任何一个时期拿出来读，都有不同的体会。其中一篇《论孩子》，很值得所有为人父母、师长者阅读 ——

你们的孩子并不是你们的孩子。

他们是生命对自身的渴求的儿女。

他们是藉你们而来，却不是从你们而来。

他们虽和你们同在，却不属于你们。

你们可以给他们爱，却不可以给他们思想，

因为他们有自己的思想。

你们可以荫庇他们的身体，却不能荫庇他们的灵魂。

因为他们的心灵栖息于明日之屋，即使在梦中，你们也无缘造访。

你们可努力仿效他们，却不可企图让他们像你。

因为生命不会倒行，也不会滞留于往昔。

你们是弓，你们的孩子是被射出的生命的箭矢。

那射者瞄准无限之旅上的目标，用力将你弯曲，

以使他的箭迅捷远飞。

让你欣然在射者的手中弯曲吧！

以下是原文——

Your children are not your children.
They are the sons and daughters of life's longing for itself.
They come through you but not from you,
And through they are with you yet they belong not to you.
You may give them your love but not your thoughts,
For they have their own thoughts.
You may house their bodies but not their souls,
For their souls dwell in the house of tomorrow, which you cannot visit,
not even in your dreams.
You may strive to be like them, but seek not to make them like you.
For life goes not backward nor tarries with yesterday.
You are the bows from which your children
as living arrows are sent forth.
The archer sees the mark upon the path of the infinite,
and He bends you with His might that His arrows may go swift and far.
Let your bending in the Archer's hand be for gladness;
For even as He loves the arrows that flies,
so He loves also the bow that is stable.

该给孩子多少自由？什么应该规范？

从我知道怀孕的那一天开始，我的认识便是：我身边多了一个人。这个小baby虽然还在我肚子里，我也当她是个跟我一样，有情绪、有好恶、有思考能力的一个独立的个体。所以，我不只爱她，也尊重她、相信她，自然也跟她对话。

等到她一出生，我更没有依我的意志或以母爱为名，限制她、约束她……

因为，我始终相信，她跟我一样，想依自己的意愿和兴趣、用自己的方法去认识这个世界，她要过的是她自己的一生，她当然有这个权利。

这是我一向为文提醒所有爸爸妈妈要给孩子自由的立论基础。但是，也有很多爸爸妈妈觉得很难界定到底该给孩子多少自由？又该立什么样的界线？自由与规范之间，混沌不明，如何拿捏呢？

我所说的尊重孩子、给孩子发展自由，并不是毫无限制地放任孩子为所欲为。父母毕竟是父母，我们除了照顾孩子、爱孩子之外，同时也肩负着引导孩子的责任。

自由和规范的原则其实很清楚。我自己是依这样的原则来区分的——

凡是属于孩子的私人领域部分，他怎么做只关乎他自己的成长、好恶，而不会干扰到其他人的，这个部分，我给孩子绝对的自由选择权。譬如他要不要学钢琴、会不会考一百分……关于学科的、技艺的学习，因为牵涉到孩子的兴趣、天分及能力，我完全尊重。

凡是他的作为可能会影响到其他人的部分，通常是生活常规，我便要规范。譬如吃饭的餐桌礼仪，从小就要让孩子理解“我不好好坐着吃饭，就会干扰到其他与我同桌吃饭的人”。

原则清清楚楚，大人自己也以身作则，不管多小的孩子都没道理以年纪小为由而要赖。

蝴蝶从会爬开始，便可以在家里到处乱爬、四处随意走，乱按电话，试着用梳子梳梳自己的头发。只要在安全范围内，我也允许她把她好奇的东西拿来尝一尝……

我不对她说不，是因为我知道在她这个年纪这是她唯一可以亲身接触、认识这个世界的方法。

我不应该也没有权利剥夺。

我们的传统教育，对孩子其实是很不尊重的。大部分的大人不相信孩子那么小却能自制，懂很多事。所以，在孩子小的时候，我们以安全为名，限制了他们身体的行动自由，一个刚刚开始学爬的孩子不是整天被关在护栏里，就是刚爬到一半就被拎回来，大人总是说：“脏脏！不行！”“危险！不行！”

一天到晚被圈住的孩子，从小就没有获得过学习生活的机会，一直听到这个不行、那个也不行的孩子，长大后，想做任何事之前，心里会先响起一个声音——“危险！不行！”因此，他也会自己先放弃尝试学

餐桌礼仪绝对要从小就要求……

习生活的机会。有些人，终其一生其实都没有好好真正地自己面对过生活……

这样的人生，可能不是他自己选择的，而是他的父母从小对待他的方式决定了这一切。

学习生活，从生命的初始那一刻，就应该开始。

尊重孩子，给孩子足够的自主权利和行动的自由，是协助孩子学习生活的第一步。请放心，这样并不会养出一个无法无天、为所欲为的孩子。

大人们尊重孩子、信任孩子，孩子从小学到的也是自重与自制，他会要求自己做出让大人信任的事。

豆芽、蝴蝶一岁时，早上醒了，也跟其他大部分的孩子一样，赖在床上哇哇哭，我也跟所有妈妈一样，会急匆匆地赶去，我一面安抚她们，一面会说道理："起床啦？为什么哭呢？要找妈妈吗？找妈妈不用哭喔！你可以起来，坐在床上大声喊——妈妈，我起来了！妈妈就会来啦！下次试试看好吗？"

一岁的孩子，大部分的大人不相信他们可以讲道理，所以通常什么都不讲，每天孩子起床一哭就赶忙去安抚、伺候张罗。日复一日，从此认定所有一岁的孩子都该是这样，有需要就乱哭乱吵，久了，大人开始

透过肢体的活动探索身体的潜能，跑跑跳跳，这是该给孩子的自由……

抱怨起孩子难带、自己辛苦。其实不必这样，孩子是可以讲道理的，只是讲道理的习惯最好趁早养成。

我跟豆芽、蝴蝶这样说时，我记得她们也没有隔天马上做到，但是，我每天每天讲，终于她们起床不哭了，果真照我教的一字不漏地大喊——妈妈，我起来了！

后来，我又教她们起床后试着自己关掉冷（暖）气、音响，走出房间来找妈妈。我说："这样连大喊妈妈都不必了，你一走出来，就会见到妈妈了……"

我也忘了经过几天，豆芽和蝴蝶都做到了。

我曾经带豆芽和蝴蝶回娘家，早起的我和我妈妈在客厅聊天，突然，蝴蝶无声无息地静悄悄走出来、挨着我。她刚睡醒，还睡眼惺忪的，但是，她来找我之前已经自己起床，把长裤和背心穿好，下楼……

当时我妈妈很惊讶地问我："蝴蝶怎么这么乖？知道自己要先穿好衣服再出来，还不哭喔……"

蝴蝶一听阿嬷的话，马上接口说："出来找妈妈就好了，为什么要哭？"

在豆芽和蝴蝶成长的过程中，我藉由给自由让她们自己练习做很多选择和决定，并且自己负责。她们也习惯了自己决定自己的事。

要给孩子弄脏、随意玩的自由……

蝴蝶两岁时，看完电视会自己关起来，跟我说："妈妈，我不看电视了。"

我会问她："那么，现在你想做什么呢？"其实我心里很想告诉她去看书。但总得忍住。我希望她自己知道她要做什么，而不是事事听我的安排。再说，万一她这时不想看书，只因为我的命令而去看，只怕会破坏了她将来对书的印象。我愈是在意的，总是愈加小心翼翼应对她们（耍心机）。

在蝴蝶身上，我深深地体会到给孩子自由所带来的回馈。

前一阵子我们回南部娘家，豆芽和蝴蝶到我妹妹家和她们的小朋友一起玩、过夜。豆芽没问题，我忧心的是才五岁的蝴蝶可以晚上不见到妈妈吗？我一再和蝴蝶确认，她都保证她可以。于是，我也相信她可以，放她随姐姐们一起外宿了。结果很顺利。

隔天，我问蝴蝶："昨天在阿姨家睡觉，没有想妈妈吗？"

蝴蝶说："有。想妈妈想到差一点点就哭了……"

"你怎么做到想哭，可是又没哭呀？怎么这么棒哪？"我很用力地称赞她。

蝴蝶说："我就去找阿姨抱抱，把阿姨当作妈妈……"

我有些心疼，但更欣慰她可以找到安慰自己的方法。完全尊重她对我所做的承诺。

每一个孩子都有这种重承诺的自尊，只要他感受到大人的信任。

于是，我们便可以说其实带孩子到外面去吃饭、让小小孩独自外宿，都不是太难的事，方法唯有——给他选择的自由，相信他，他便会做到……

体贴？还是纵容？

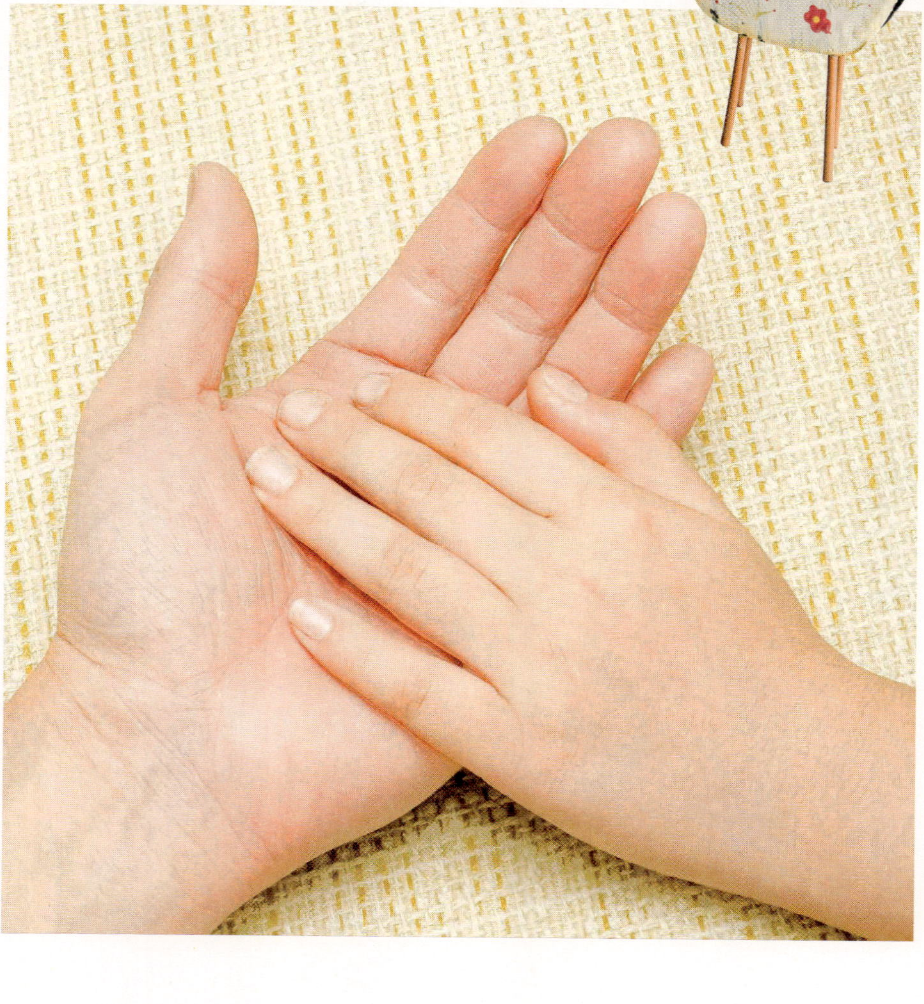

我们平常外出大都开车，前几天有一次偶然的机会，我在蝴蝶百般的央求下，独自带着她搭了捷运[1]。台北上下班高峰时段的拥挤是相当恐怖的，我牵着小小的蝴蝶随着黑压压的一片人潮，载浮载沉。

蝴蝶刚开始很享受这难得的冒险经验，被人群一阵推挤之后，我想她感受到些许的不适了，但仍然乖乖地紧跟着我，沉默地前进。

好不容易边走边挤到了候车口，前面早已排了一条条长长的人龙，我不想冒险带着蝴蝶挤进满满的车厢，足足错过了两班车，我们还在候车口等着。

蝴蝶垮着脸，说："妈妈，我脚酸……车子怎么还不来……"

我摸摸她的脸，蹲下来，拍拍我的大腿。"来，坐妈妈腿上，再忍耐一下，车子很快就会来了。这是捷运，捷运的意思是车子来得很快也开得很快，不会让客人等太久的……"

蝴蝶坐在我腿上后，一眼瞥见我挂着包包的手臂有一条红红的勒痕，一脸忧心地问我："妈妈，你的手怎么了？"

"没事啦。等一下包包拿起来就好了……"我不以为意。蝴蝶却伸手拿走我的包包，摆在她的腿上。

我怕包包太重，压着她不舒服，边说没关系边要把我的包包拿回来挂手上，蝴蝶却怎么也不肯，她说："不要让你的手红红的，会痛……"

我不再跟她抢。就这样，我让蝴蝶坐我腿上，蝴蝶帮我拿包，我们静静地等到车进站。

---

[1] 台湾的地铁。

另一件事是每天都发生的……

蝴蝶遗传了我的鼻子过敏毛病，每天晨起时状况最明显。因为不想让她一早起床就碰到冷水，我时常在她从洗手间出来前便帮她在牙刷上挤好牙膏、漱口杯里注满了温水，端端正正地摆好在洗脸台前，方便她过来洗漱。

从蝴蝶会自己刷牙洗脸开始，我一直这样做。

有一次，豆芽姐姐感冒，起得晚了。我看到个头小小的蝴蝶站在小椅子上，正仔仔细细地在为豆芽挤牙膏、装温水。那模样，专注、深情，我看着看着，内心满满的是感动。刚刚起床的豆芽看见这一幕，和我四目对望，微笑。

一向看惯我说要让孩子通过自己动手做而学习独立的你，心里一定狐疑着：蝴蝶喊脚酸，你不趁机训练她“吃苦耐劳”的能力，竟让她当椅子坐；每天还像服侍皇太后一样地帮她挤好牙膏、倒好漱口水。这不是自打嘴巴、太纵容孩子了吗？

你的疑问很合理。我也不赞同纵容孩子。

那么，如果不这么“纵容”孩子，我们来模拟一下另一种可能的处理状况……

一个像蝴蝶一样的五岁孩子和妈妈一起等车，等很久了，孩子受不了了，跟妈妈说：“我脚酸……”

妈妈劝孩子：“再忍耐一下，车子马上来了。”

孩子努力地再忍了一下。不行了！再一次跟妈妈说：“妈妈，我脚酸……”因为是第二次说了，孩子的语气不像初次的温和，听起来有点闹脾气了。

妈妈一听，心中有点火气了，音调提高一些。“是你自己说要搭车的，才等这么一下下，你就不能忍耐吗？这一点苦都不能吃，以后长大你还想干嘛！再等！”

孩子被这么劈头一训，虽然五岁的他还搞不清楚“现在告诉妈妈我脚酸”和“以后长大你还能干嘛”到底有什么关联，但从妈妈的不耐烦语气里，孩子应该可以肯定“现在妈妈骂我了”。我说脚酸是真的呀！为什么这样就生气骂我？孩子无法理解，内心的委曲不知如何说明，只得哇哇大哭起来……

当着大庭广众嚎啕大哭，妈妈又急又气之下，只好蹲下身来、心不甘情不愿地把孩子重重往自己腿上摆。“好啦好啦！不哭啦！一点小事有什么好哭的……再哭，以后就不带你出门了！”

我们模拟的这个可能里的妈妈到最后跟我做了一样的事——蹲下身来，让孩子坐在腿上。这个孩子和蝴蝶一样，到最后都达到了他们最初的诉求，解除了脚酸的痛苦。但是，在妈妈斥骂、指责后，再感受到妈妈“为我做这件事是很不开心”的心情，在这个过程中，孩子所受的煎熬和否定已经盘踞了他整个心，再也无力体会妈妈其实是因为爱、因为不舍，最终还是当椅子让他坐的心意了……

我知道你一定还有另一个质疑——这样对待孩子，会不会让孩子误以为可以对妈妈予取予求，是非不分，终究还是纵容了孩子无限制地放大他的私欲。

有可能。

孩子喊脚酸，你当椅子让他坐，一种可能是孩子学会善意的体贴，另一种可能是孩子养成无法无天、谁都得顺我意的习性。妈妈一样的行为，造成孩子两种不同的性格，这中间主要的差异在于——妈妈平常如何示范是非曲直的原则。

如果妈妈平常不讲是非原则，凡事不分青红皂白地一律顺孩子的意，这个让他当椅子坐的举动，孩子自然解读成“只不过跟平常一样地顺着我而已”。理所当然，便没有感谢，何来体谅？

曾经领会过被体贴的温暖的孩子，才可能学会体贴别人。我在蝴蝶提出需求的第一时间立即回应她，让她感受到的完全是妈妈真诚的关怀，于是，她也回馈我温柔的善意（替我拿包包）。这之间的情感交流互动，已不需要再藉由任何道理来解释了。我相信，孩子可以感受到……

一直听到“不”的孩子，也只能响应“不”

那个和蝴蝶差不多年纪的小女孩之所以引起我的注意，是因为她说话的方式。我不曾见过她以正常的方式说话，她总是臭着脸，边说话边唉唉叫，也不是哭，就是胡乱唉叫，不管说她要吃东西还是要上厕所，或者是跟她的哥哥争吵抢夺某一样东西……

已经连续几个假日了，我和Kevin[1]带着豆芽、蝴蝶来这家我们熟识的餐厅吃早午餐时，总是遇见小女孩一家人——爸爸、妈妈和小女孩，还有小四左右年纪的小哥哥。

小女孩的爸爸总是沉默地低头看报、吃东西，对于两个孩子的要求或争执无动于衷，连眼皮都很少抬一下。被小女孩的唉叫搞得很烦躁的妈妈显然已精疲力竭，她眉头深锁，回应孩子的语气总是不耐地喝斥。一面骂低头猛玩PSP的哥哥，一面心不甘情不愿地满足小女孩的哭叫要求。虽然她骂孩子时已经很努力地压抑音量，但他们那一桌的气氛与这餐厅悠闲的假日早午餐已然格格不入。而这情形已经持续了好几个星期。我不禁怀疑，难道这一家人之间的互动一直都是以这样的方式进行着……

一次，我在餐厅又遇到他们一家。

蝴蝶在席间跟我说她要大便，我便带着她一起关进厕所。这家餐厅只有一间洗手间，灯亮着，便是里面有人使用，一般大家都不会敲门。蝴蝶可能蹲得有点久，突然，我被重重的两记敲门声吓得差点跳起来，我轻轻回了两声敲门声，同时告诉蝴蝶可能有人急着要上厕所，请她快

[1] 豆芽、蝴蝶的爸爸。

一点喽。蝴蝶又耽搁了一下子，等我开门出来时，那位唉唉叫的小女孩和妈妈站在门口，垮着脸，瞪我和蝴蝶。我匆匆说了声不好意思，带着蝴蝶回我们的餐桌继续用餐……

你对孩子笑，孩子便对世界笑……

蝴蝶说："那个妈妈好凶喔。"

我只能淡淡地回应："她可能等太久了吧。"

孩子最初的学习始于模仿。而和孩子最接近的妈妈当然是每一个孩子最重要的模仿对象。永远怒气冲冲的妈妈，令孩子感受到的是焦躁、不安，当孩子有生活上的需求时，自然也以不耐烦的唉唉叫来表现。这是生活里很可怕的一种循环对应，逐渐累积出孩子与人相处的困境，很多妈妈对这样细微的负面示范是一点警觉都没有的。

妈妈习惯性地对这个世界摆臭脸，对孩子究竟会造成多大的影响呢？有一本伊朗的绘本《我的莎拉宝贝》，故事读来令人惊心动魄……

故事是这样说的——

小女孩有一个洋娃娃，叫莎拉。妈妈不在家时，总是莎拉陪着小女孩。

小女孩学着妈妈对她说话的口气对莎拉说：“我昨天把杯子放到哪里去了？你知道吧？”

洋娃娃当然不会回答。

小女孩一次一次地逼问，娃娃还是不回答。小女孩火了，说：“你耳聋吗？我问你话为什么不回答？为什么总是不听话呢？真是气死我了！”

后来，小女孩决定给莎拉一点颜色瞧瞧……

小女孩把莎拉的一只眼睛弄瞎了。

“你！莎拉，谁叫你不听话，我已经浪费了多少时间在你身上，你到底懂不懂！”我妈妈时常对我这样说。我照顾我的洋娃娃，就像妈妈照顾我一样，所以我可以跟她说一样的话。这是小女孩的想法。

有样学样。

妈妈回来之后，小女孩要求妈妈买一个新娃娃给她，妈妈冷冷地回说不是有莎拉了吗？

“她总是不听话！”

“那妈妈是不是也可以因为你不听话，就换一个孩子呢？”

如果我不听话，妈妈把我跟别的小朋友交换，那就太可怕了！小女孩被妈妈吓住了。这故事最后是小女孩靠着自己的良知，对洋娃娃悔悟、赎罪，度过了这艰辛的人生关卡……

在现实的人生里，每一个因为被错待之后再去错待别人的孩子，是不是有能力意识到自己的缺憾？有没有机会去做弥补？谁也不知道。

在忙碌又辛苦的生活里，大家都免不了说过几次像小女孩妈妈说过的那些情绪性的话，对孩子摆过无数次的臭脸，当时不曾想太多，过后想起，也都会自圆其说那是一时脾气上来，并不是有意。偶尔一次，已经伤了孩子的心，若是在寻常生活里，天天要冒出几次这样的话，再要指望养出一个体贴、和善、好脾气的孩子，只怕是不可能了。

台湾很多妈妈们都很文明了，不太会动手打孩子，但是，还是很会对孩子大吼小叫，偏激的、不理性的话时时可以听见。动手打的伤，看得见，很容易引起注意、反省；伤人的话，见不到具体的痕迹，往往被忽略。其实，却伤得更深……

妈妈时常对孩子、对这个世界生气、说“不”，当你对孩子提出要求时，他也只能直觉地说“不”，至于妈妈要求的内容到底是什么呢？对孩子来说，再没有任何意义了……

与其花力气纠正缺点，不如看优点

我到豆芽班上讲故事时，总是特别留意一些沉默的、不太表现自己的孩子。发表意见、抢奖品时，这些安静的孩子惯常躲在自己的座位上，不争取也不张扬。其中一个胖胖的小女生，是特别沉静的一个。

但我每回望见她痴痴笑的圆圆脸，总觉得她应该是有话要说的。有一回，我讲完故事后，特意请这位安静的小女生发表她的看法，她羞赧地站着好一阵子，才低声地挤出几句简短的话语，逃难似的又躲回她的角落。我大声地向其他同学复诵一遍她讲的内容，同时大力地称赞她说得好极了，然后告诉她，我很喜欢她的看法。

小女孩怯怯地对着我微笑。

之后，这个小女孩只要见到我，便在我周围打转。我参加他们班户外教学活动时，豆芽跟在队伍里走，小女孩倒是紧紧地拉着我的手，不明就里的人可能会误以为她是我女儿。她总是抬起头痴痴地看我，说：“你好漂亮喔……”

后来，我在路上遇到这小女孩的妈妈，妈妈劈头就对我说：“我们家那个胖妹呀，什么都不行，长得不好看，又胖，性格又内向，听说她很麻烦你哪……”

我对这位妈妈说：“她很好呀，很可爱，熟一点就会对人很热情了。”

同时，我大约也明白为什么我夸这个小女孩两句，她便对我掏心掏肺的，原来她每天都听妈妈这样形容她……

每个妈妈都爱自己的孩子，永远希望孩子更好，为了更好，于是处心积虑地力图扭转孩子的缺点，在这使力的过程中，无意间也对孩子说了不少无心的伤人自尊的话。对于孩子的优点，则视为理所当然，久而久之，渐渐地也看不到那些优点了。

奥林文化曾经出版了两本看似兜不在一起，其实是意义相通的书——一本是被归类为企管或励志类的《鲸鱼哲学》，另一本是亲子教养书《优点教育的惊人力量》。两本书都深刻地提醒我们把焦点投注在协助孩子发展优点，而不是费力地企图扭转孩子的缺点。

《鲸鱼哲学》虽然是本企管书，我却很愿意推荐父母及老师们看看。

这书讲的是海洋世界里训练师如何训练重达上万磅的杀人鲸表演的故事……

杀人鲸是海中最凶猛、最残暴的猎食者，训练师们用了什么方法令这些杀手乖乖就范、听他们的指挥做出各种高难度的表演呢？如果这个方法连这么恐怖、难驯服的杀人鲸都可以制服，那么，拿来用在小孩身上，应该也是绰绰有余吧。

首先，训练师说："每次新进一头杀人鲸，开头的一阵子，我们通常什么训练都不做，只关心一件事情，就是不让它们挨饿。然后，每天就是跳进水中和它们一起玩，直到它们完全相信我们为止。"满足它的需求，让它体会到真心的关爱，从而产生信任、依赖，这是第一步。

其次，训练师强调所谓"正面的力量"。

"我们强调正面，不是负面。当杀人鲸做了我们要求的事情，达成一项任务时，我们就会把大量的注意力放在它们身上，赞美它们。我们通常不太去管它们做错的事情，而且在它们出差错时，会马上把注意力转移到其他方向去。"

在这里有一个很重要的概念是——"你愈注意一项行为，它愈会重复出现。"训练师们从杀人鲸身上学到——当你不怎么在意它们做错，而是大量注意它们做对的事时，它们就更常会把事情做对。

如此周而复始地重复——称赞优点，不特别关注缺点，即便是杀人鲸怪兽，照样服服贴贴。

显然，我们对待孩子都和这训练师的做法背道而驰。大部分的父母、老师把力气用在注意、纠正孩子的错误上，处罚、怪罪、叨念，一再一再地重复提醒孩子他做错了哪些事，甚至在孩子还未做错之前，先耳提面命地叮咛："你小心一点，可不要再像上次那样做错，否则会怎样怎样……"孩子经过一再地暗示明示，本来不会做错的事，不想出错都难了。

当孩子愈大，要面对的竞争压力愈大时，父母求好的心也就愈急切。好话渐渐变少，自以为是善意的叮咛，实则是伤人自尊的刺耳话语也不知不觉增多，亲子之间的距离也就渐行渐远。这真不是我们爱孩子的本意哪！所以，与其花力气纠正孩子的缺点（花费大把力气还不一定有效），倒不如安安心心地欣赏孩子的优点，鼓励他，给他自信和发挥的空间。

有些孩子的优点是与生俱来、外显的，父母应该珍惜；有些孩子的好是需要时间慢慢被诱导出来的，这是由内而外启发的过程，而不是由外而内强制给予的。为了孩子，我想每一个为人父母者，一定都愿意给予这样的时间和耐心吧。

带孩子出去走走

旅行，是认识这个世界最好的方式之一。一个人走过的地方、看过的风景，会累积成最真实的生命故事，形成令人信仰不移的观念价值。我自己很喜欢旅行，也时时带着豆芽、蝴蝶到处走走看看。

我较少带孩子在百货公司吹冷气、闲逛。平时我们惯常去的地方是户外。夏天的晚上，吃过晚餐后，我们会带着狗狗Melon到公园堤岸散步，边走边聊这一天所经历的事。假日的午后，有时开车载着脚踏车去淡水、八里骑个几圈，坐看夕阳西下。有时只是带着Melon到河滨公园跑跑，活动筋骨，流流汗后，喝杯香醇的咖啡……

遇有较长的假期，我们会走远一点，或许往花东去小住几日，感受一下与忙碌的台北不一样的悠闲生活步调；或者往南部走，回阿公阿嬷[1]家过过纯朴的简单生活。

为什么要时常这样带着孩子到处旅游呢？实在是我感觉现代人的生活形态愈来愈单一，也愈趋一致。大部分的家庭都是从周一忙到周五，大人上班、小孩上安亲班和才艺课，好不容易熬到周末假期，大人又以太累需要休息为由，不是窝着看电视就是睡觉，孩子像关在笼中的小鸟，振翅难飞。因为苦闷，难免造次作乱，因为极少外出走走看看，逐渐地也就对生活失去好奇心和热情，小小年纪的孩子早早就生活得奄奄一息、了无生趣。

我想不只是孩子，任何一个大人过这样的生活，大约也难对这个世界有热情，更别谈什么理想或生命意义了。所以，再怎么样都得想办法抽出时间和孩子一起出去走一走。

---

[1] 爷爷奶奶、外公外婆的统称。

大自然是孩子最好的老师。

蝴蝶烤窑、生火，体验爸爸妈妈小时候的活动……

在台湾旅行，我喜欢带孩子去一些可以见到传统文化或古老建筑、手工玩具的地方，如各地的特色老街、饶富故事的古城旧府。宜兰的传统艺术中心、台南的赤崁楼、鹿港小镇、高雄的小渔港……不先走遍自己生长的地方，如何认清自我的价值？愈是古老的、传统的，愈是需要在孩子还小时趁早带他们去看看。

孩子们一向喜欢现代的、声光效果十足的游戏，带他们去这些老掉牙的古迹中游走，能激起他们多少兴致呢？

可千万不要这么早就替孩子下定论，对于任何事物的品味欣赏，孩子们初始都是心无偏见的，只看大人们如何引导。说故事吧，孩子们总是爱听故事的，在去旅行之前，把属于那个地方的故事说给孩子们听，引发孩子探索的兴趣。一旦身临其境时，孩子自然会去印证所见所闻，将真实体验过的内化成自己的一部分，实践我们惯常说的“在生活中学习”。

有一回我们刚从南庄的山区部落回来，又到新竹的南寮渔港吹海风。在车上，蝴蝶问我：“妈妈，昨天我们去有山的地方，今天来有海的地方，你比较喜欢山还是海呢？”

我还在想着。豆芽姐姐便抢先说：“我喜欢海！有海的地方就有海风，呼呼呼地吹在身上，很爽快！”

蝴蝶也附和着说：“对！我也喜欢海，比较凉快，我喜欢玩水。”

轮到我了。我说：“我跟你们不一样，我喜欢山。山很安静，不嘈杂。稳稳地站定，让人觉得很安心。”

蝴蝶一听我这样形容山，马上接着说：“海比较吵，没错！可是这

蝴蝶在阳明山采海芋。

老街永远是我带孩子出去走走的重点游乐区……

样热闹一点，有时候海的吵闹声也像在唱歌呀，不难听，所以吵也没关系呀。”

我笑笑，同意蝴蝶的说法。只是，我还是喜欢山多一些。

豆芽又帮腔，说：“海很深、很远，很难看到尽头，很神秘，可以一直看到她有不一样的样子，每天都在变，很有趣。”

我想，一个没有真正见过海、吹过海风、被海水溅湿过的孩子，是无法说出这么多对海的贴切形容的。

后来，爸爸说：“我也喜欢海。因为‘仁者乐山，智者乐水’，我是智者，所以喜欢水……”

豆芽和蝴蝶面面相觑，对着爸爸说：“喔，你说妈妈不是智者。”

于是，我们的笑声在车里回荡，车在风中奔驰着……

当孩子生病时……

HEALTH

孩子生病，对妈妈是种很大的折磨，不只是守在床畔照顾的累，还有心理的担忧牵挂，很是磨人哪！

我刚刚当妈妈时，对于孩子生病这件事总是提心吊胆、紧张兮兮的，只要小朋友一有状况，哪怕只是轻微的发烧，我就手足无措。

渐渐地，我开始去回想自己小时候生病时的心情，还有爸爸妈妈照顾我的方式，终于找到了轻松应对孩子生病的方法。

台湾的六七十年代，经济尚在起步的阶段，民生物质还很匮乏，大人们还得花很多时间在家计营生上，小孩子的生活状态和现在的孩子大不相同。生病，对那个时候的孩子来说，不全然是坏事，因为可以享受很多平时没有的特权。比如平常都要自己走路上下学的，生了病，便可以被爸爸妈妈很宝贝地接送。现在的孩子已经吃腻的苹果，在我们小时候也只有生病时才可能吃得到。任何病痛的孩子都需要在生病期间吃苹果，倒不是因为苹果有多么高的营养价值足以治百病，而是苹果在当时很昂贵，生病时吃苹果，所感受到的是来自于爸爸妈妈“不计成本，也要把我照顾好”的安慰心意。一旦明白自己是这样被娇贵地保护着，自然宽心不少，病也就容易好得多了。

依着这样的病中心理，即使我不是医生，只要在孩子生病时，给予她最大的精神安慰和陪伴，让孩子感受到温暖的安全感，我想，这是妈妈应该做也绝对可以做得到的吧。

有一次我在市场买菜时，和一位老阿嬷聊起带孩子的一些琐事，这位头发斑白的老阿嬷告诉我她每晚帮小孙子做脚底按摩的好处，我仔细地询问她按摩的方法及细节，老阿嬷也很大方地教我。当天晚上我立刻

让孩子多多到外面晒晒太阳、呼吸大自然的气息，对孩子的身体健康有莫大的帮助……

回家在豆芽和蝴蝶身上实验，果然换来两个小鬼一夜舒畅好眠。隔天临睡前又央求我做脚底按摩。

后来，我又在一些书上读到关于帮孩子按摩的理论根基。据说母黑猩猩只要抱起小黑猩猩之后，就再也不想和自己的孩子分开。这是透过母子之间的肌肤接触产生的爱。人也是一样。孩子出生来到这个世界，感受到自己的存在是被接受的，也因此能够感受到自己的存在价值，对自己产生了自信以及“人类是能够信任的”强烈信念，并学会爱。因此，很多研究亲肤关系的专家学者都一再鼓励父母亲应该及早多多触摸孩子，使这些好品格在孩子的心灵中生根、成长、茁壮。

有一次蝴蝶鼻子过敏的毛病发作，在床上翻来覆去，折腾了好半天仍无法入睡。我在无计可施的状况下，决定帮蝴蝶做全身按摩，希望可以帮助她尽快入眠。我让蝴蝶脱下衣服，躺在铺了隔油纸的床上，盖上小毯子保暖，我先在手掌上轻轻搓揉baby用的精油，让精油融在我手上，然后，从她肩膀开始，一路按摩她的腹背、大腿、小腿到脚掌。蝴蝶在我按摩的过程中，沉沉睡去。

之后，只要豆芽、蝴蝶有一些不舒服或小小的感冒病痛，我总是这样帮她们按摩，通常很快地就可以帮助她们减缓病痛的不适，让她们好好睡一觉，病痛也很容易就好了。

除了观察孩子的内在心灵感受之外，我逐渐地意识到亲肤关系对孩子的情绪和人格发展、行为模式也有很重要的影响。母亲与孩子的亲肤关系愈频繁，孩子的情绪愈安定，愈不会养成冲动的个性。婴儿时期经常让母亲抱在怀抱里的孩子，长大后，比较不会突然歇斯底里地哭闹、乱发脾气，个性也较沉稳安静。

在肌肤接触中，按摩当然是一种增进亲肤关系的好方法。我在帮豆芽、蝴蝶按摩时，的确能够透过肢体的接触察觉到她们内心的状态。这个时候，我自然会用最舒服的方式来触摸她们觉得最舒适的部位。我想，孩子们透过身体感受到的来自于父母的贴心与温柔，必定也能让她们学习到以同样的方式来对待他人。

偶尔我身体不舒服或是很累地躺在沙发上时，豆芽和蝴蝶也会过来跟我说："妈妈，你不舒服吗？我们帮你按摩。"然后，一人站一边，豆芽按摩左肩，蝴蝶负责右肩……

蝴蝶纸片人的饮食之路

孩子出生之后，他的身体健康状况如何，长得够不够高，是不是过胖或太瘦，有没有时常生病，永远是父母心中最牵挂的。虽说体质有遗传的因素，但也不是完全无法努力的。我认为父母对孩子身体健康的努力，尤其是妈妈，应该从怀胎那一刻就要开始……

我从小不敢喝牛奶，在我成长过程中的任何时期任何人以任何方法企图诱使我喝牛奶，从来没有成功过。在我发现我怀了豆芽那一刻，我决定开始喝牛奶，再不需要任何人逼迫。我想我是替豆芽喝的。

每天上班前，我会先到便利商店买一大罐低脂高钙的鲜奶，下班之前喝完。不晓得大家有没有注意过低脂高钙的牛奶不太容易买到，生产的厂牌也不太多。为了买这一罐鲜奶，我有时要走好几家店。我那时心里想的是，我现在吃的东西都是在喂养我肚子里的宝宝，我的饮食习惯将影响她日后的体质健康，因此，我愿意以十个月正确的营养饮食换取她一生的健康。

对于后来的蝴蝶妹妹，我一样如此养胎。

蝴蝶和豆芽出生时，都是重达三千多克的健康宝宝，她们除了遗传了我的鼻子过敏毛病外（豆芽现在这毛病也调养好了），一切都很健康。

出了我的肚子之后，我对她们的饮食掌控不像她们还在我肚子里那么简单了，无法再我吃什么她们就吃什么。但我依旧深信饮食习惯会影响一个人的健康，而良好的饮食习惯需要从小就开始培养。

带她们的保姆蕾娜阿姨是个很尽责又细腻的好保姆，但我不想把带孩子的所有事都麻烦她。所以，豆芽和蝴蝶几个月大开始吃辅食时，我

把食物做一点变化或装饰，可以引发孩子的好奇心及胃口……

每天一早便起来为孩子们准备早餐和点心，有时是蒸个蛋或鸡腿，有时是用大骨汤熬碗银鱼清粥或者蔬菜泥。我从来不曾让豆芽、蝴蝶吃过baby罐头食品。那些加工食品虽然方便、保存期限也长，对忙碌的上班族妈妈来说，可能可以很轻易地解决孩子的饮食问题，但我在这方面的观念守旧到几乎可以说是古板，我坚持孩子应该要多吃天然的食物，而不是加工过的食品。养孩子还是用自然一点、原始一点的方法好，即便有些不方便，不那么有效率，换取的是孩子一辈子的健康和幸福，为什么不呢？

等到她们一岁后，便加入我们大人的用餐行列。我为她们准备了baby用的小餐桌，摆在我们的餐桌旁，给她们餐盘、碗和小汤匙，围好围兜，让她们自己动手练习吃饭。刚刚开始，因为年纪小、大小肌肉和手眼协调能力都还未臻成熟，总是搞得一地都是菜渣饭粒。大人千万不要因为怕收拾麻烦而放弃让孩子自己练习吃饭的机会，这样的练习关系到孩子的自我成就感及自我完成的期望，当然还牵涉到他的身体自主协调能力。在生命的初期，很多在我们大人看来微不足道的小事，其实都深刻地牵动着孩子们日后的人格成熟度及肢体发展的优劣。任何一位身边有小小孩需要照应的大人，不管你的角色是妈妈、阿嬷或是保姆，不管你是不是懂得这些幼儿身心发展的理论，唯一需要谨记的便是——多给孩子动手做的机会，让他用自己的方式去探索、认识这个世界。

当然并不是每一个孩子在学习这些餐桌礼仪时都很顺利，有些孩子就是天生不爱吃饭，吃一顿饭，家里像经历一场战争一样恐怖。我听过有些小小孩很喜欢在吃饭时捣蛋，没事就把碗啦汤匙啦往地上丢，身旁的大人便要苦巴巴地弯腰拣起来，才一放妥，小小孩又一把抓过来再丢！如此一而再、再而三地重复几次，直到大人忍不住抓起孩子的小手、重重地掴一下手背，孩子哇哇大哭，大人气呼呼，所有用餐的情绪都没了，根本不必吃了，因为气饱了！

“孩子丢汤匙”这件事对孩子本身和大人其实是有很不同的意义。在大人看来，没别的意思，就是小孩爱捣蛋，叫他不要做还偏做，讲也不听，存心气人，一巴掌打下去立刻达到吓阻作用。虽然不愿意用这种手段对待小孩，但也算是无计可施下的不得已。

那么，小孩到底是怎么想的呢？何苦这样惹人生气又讨挨打呢？

其实，小孩想的很单纯，只是为了——好玩。

一个一两岁的幼儿对这世界还充满好奇，因为有太多太多他不知道、不确定的人和事物了。透过不断的实验、观察、归纳异同、认知定义，幼儿们才能逐渐理出融入这个世界的方法。所以，很多时候，他们只是在做实验。愈是好玩的实验，愈是吸引他们一再重复做，比如丢汤匙。

当一个一两岁的幼儿拿到汤匙、被大人用言语告知“舀起饭来吃”时，他并不能完全理解这其中的意思，当他看到大人用汤匙舀食物时，这才跟着模仿。单一的学习是无法满足好奇心旺盛的幼儿的，他们还想试试看“这汤匙到底还可以做什么其他我不知道的事呢”？

于是，实验便展开了——如果把汤匙丢在地上，会发生什么事呢？如果用汤匙来敲敲桌子，会发生什么事呢？

幼儿的实验结果是——他看到大人弯腰拣起来了。但一次还不足以证明，再试一次，再试一次……在一次次的实验过程里，他一再地看到大人“有反应”，而且反应都一样，这证明了他有能力促使平常那个万能的大人做出他可以预期的事。哇！原来自己这么厉害！这可是个天大的大发现哪！这么好玩的事，怎么可以停下来呢？当然是要一直一直玩下去呀……

当然，玩太多次的后果就不是两岁的幼儿可以预见的了……

不想让幼儿在日常生活里一再重复如此失控的行为，最有效的方法是——让他觉得不好玩。当幼儿丢汤匙时，大人不要立即拣起，装作没事发生，不反应。大人无动于衷会令幼儿觉得无趣，自然停止这无聊的游戏。同样的道理，面对一个不太爱吃饭的孩子，就是想尽办法把吃饭这件事变好玩就对了！逼迫，肯定没有用。

蝴蝶也是个不太爱吃饭的孩子，我笑称她是纸片人。在家吃饭时，她时常吃没几口就说不想吃了，我通常只跟她说：“你吃太少了，等一下很快就饿了，饿了我可没有点心给你吃。你自己再看看是不是现在要再多吃几口……”

她知道妈妈说到做到，等一下饿了是真的不会有点心的。权衡一下得失，还是再吃几口吧。于是，她会告诉我：“妈妈，那我再吃十口就好了。”

我瞥了一眼她碗底的饭，十口也差不多要吃完了。很爽快地答应她。

“一口、二口、三口、三口……”蝴蝶开始边吃边数，有时忘了还会重复数呢……

孩子的纷争：被欺侮或欺侮人了……

我在上“父母成长课程”时，有位妈妈很忧心地问我小孩子在学校被欺侮了，怎么办？比如说孩子被威胁要带饼干糖果去，同学才肯跟他玩之类的。该不该为孩子准备糖果呢？这位妈妈的女儿年纪大约跟蝴蝶差不多，五岁。

我当时回答这位妈妈：“如果女儿很坚持要带糖果去留住这个朋友，家里也正好有糖果，就让她带吧！让她自己去感受一下用糖果交朋友的过程是怎么回事。如果家里没糖果，也不必刻意再去买，直接告诉孩子没糖果，让她试试看是不是真的没带糖果就交不到朋友……”

我的回答看来真是不痛不痒，模棱两可，没有一个标准答案。首先，我要说在我的认识世界里，本来就没有标准答案这回事，所以不要指望我讲一个标准答案。再者是我的无关紧要态度，对于小学以下的孩子的纷争，坦白说，我的态度都会是这样——大人不要介入太深，留点时间和机会让孩子自己去体会各种可能的解决方式。

我也听到某些妈妈问：“我小孩两岁，我要怎么教他去跟一个老是喜欢欺侮人的小孩应对？”

我想两岁的小孩心机还没成熟到一天到晚老想着怎么欺侮人，比较可能的是他学到了不适当的方式来表达他的情绪，或许一不顺心就会推人、打人。如果一个两岁的孩子惯常用这种方式与人对应，那不叫他爱欺侮人。如果找一找他周围的哪个大人时常示范这样的处理纷争方式给他看，可能会找到解决孩子的问题的方法。

即便是自己的孩子被欺侮，如果只是以情绪面对，先否定对方那个孩子，不只问题无解，对自己的孩子也无益。理性的纷争可以让孩子学

豆芽和蝴蝶时常吵架，也时常分工合作，互相帮忙……

习人我之间的差异；恶意的否定扭曲，只会让孩子看到私欲、仇恨。小小孩的世界还很单纯，他们只是很诚实地在反映人性。

透过这一次次真诚的、不虚矫的人性试炼，孩子才可能思考、认知，去恶扬善，做出随着年纪一日日成长所该伴随而来的成熟练达。两岁的孩子一面对纷争就哇哇叫、告父母、喊救人，你不给他机会学习处理，到了二十岁，一样是躲在父母身后哭天抢地地喊救命。而我们对二十岁的大人和对两岁的小娃儿的期待肯定是不一样的吧？

被欺侮的是这样，那么，万一自己家的孩子是欺侮人的那家伙呢？

这样问我的人比较少，我自己倒是有一个切身的经验可以跟大家分享。我啦！我家蝴蝶！她就是那个在学校欺侮人的坏家伙！

有一天，我接到蝴蝶的老师打来的电话，老师很委婉地告诉我，有一位小朋友的妈妈在联络簿上写她的女儿回家诉苦说蝴蝶要她女儿带糖果去学校才肯跟她女儿玩……

我静静地听老师向我叙述过程。然后，我问老师两个问题：一是这个被蝴蝶威胁的孩子是个受气包型的孩子吗？二是她和蝴蝶平常的互动如何？

老师说这小女生和蝴蝶一样强势，她们两个在班上都是喜欢争做大姐头的女生，所以两个人时常合不来。

我要了解两人平时的互动是希望知道：蝴蝶和她是不是平时就一起玩得很热络的好朋友，如果是，我就会猜测莫非她们的友谊一直是以"蝴蝶威胁人家"建立起的？另一种可能是，如果两个人平常就不太在一起玩，蝴蝶为什么突然会对她提这样的要求？

我不一定可以圆满地处理孩子的纷争，但我希望理解两个孩子的真实状况。唯有充分的理解，我才可能不偏颇地和蝴蝶讨论这件事。

我回家问起蝴蝶这件事时，她承认她有要求同学带糖果来才要跟对方玩。我问她："为什么？她以前有带过糖果来请你们吃吗？你很想吃她带的糖吗？"

蝴蝶回我："我本来就不喜欢跟她玩，她每次都要跟我争，还骂我没教养！妈妈，没教养是什么意思？"

"那是不好的话！不要这样说别人！"

看来老师说的两人平时就剑拔弩张、关系紧张不假。

我又问蝴蝶："那她如果真的带糖果来给你了，你就会跟她玩吗？"

"会吧，勉强……"蝴蝶这样回我。

"所以你是真的很不喜欢跟她玩，是不是？"

蝴蝶点头。

我说："如果我很不喜欢跟一个人在一起，不管她给我什么，我还是不跟她在一起。因为，跟她在一起玩，我就是不开心。"

蝴蝶很无奈地说："可是老师说大家要相亲相爱、一起玩呀……我就不想呀……”

我自己就是个跟合不来的人在一起讲三句话就变哑巴的人，所以我可以理解蝴蝶的无可奈何。我们大人自己都有选择朋友的权利，为什么却独独不给孩子同样的权利，硬是要规定他们不管跟张三李四都要相亲相爱呢？

“你可以不跟那个小朋友玩，你直接跟她说或跟老师说，我不反对，你可以自己决定你要跟谁做朋友。但是，就算你不喜欢这个小朋友，你也不能跟她说带糖果来才跟她玩。你这样叫威胁人家！不管对谁，你都没有权利这样做。”这是我对蝴蝶的“教训”！

我跟蝴蝶谈过这件事后，并没有再跟老师报告结果，我觉得我已经跟当事人沟通过了，而我认为“跟当事人直接沟通是唯一有效的沟通”。

在这个事件上，我认为我应该面对我家的当事人——蝴蝶，另一位小朋友的妈妈应该针对她的当事人——她女儿，而不是一个妈妈向老师抱怨，老师再把抱怨转达给另一位妈妈。然后，另一位妈妈向老师表达歉意，老师再把歉意转达回来给抱怨的妈妈。三个大人忙得团团转，介入、意图解决孩子的纷争，而最该从这事件中体会学习的孩子们反而置身事外，只被告知了一些言不及义、违反人性的泛道德教条。

孩子的纷争很快就会平息，只要大人不过度介入……

孩子出现问题时，大人总是惯常以自己的思维来套孩子的状况，而且那状况永远只有绝对的一种：被威胁的孩子肯定是无助的、可怜的，爸爸妈妈心疼之余，总是急着要为孩子出头；威胁人家的孩子肯定品格有问题，作父母的，要很羞愧地致歉，并且难过；作老师的，一定要善尽告知家长、纠正孩子的责任……

处理孩子的问题，真的永远只能这样吗？

不只是我自己亲身经历的事件，还有每日的所见所闻，都使我深刻地感受到现在父母对孩子交友的忧心所导致的过度介入，最终使孩子失去了学习自我判断及适应困境的机会，这样的情形不因孩子的年纪而有所不同。我曾经在路上偶尔听见一位妈妈气极败坏地向她同行的友人抱怨："我儿子在学校跌倒，膝盖擦破皮，老师竟然都没打电话来跟我说……"

膝盖擦破皮要老师说什么呢？自己擦擦药不就好了嘛！

大家极力地为孩子营造一个较无困难的环境，却忽略了更重要的问题：以后孩子所要面对的职场或现实环境远比现在碰到的这些"谁不跟我玩、擦破皮"要艰困许多，我们无法跟着孩子一辈子去为他解决所有问题。现在会心疼，但必须得忍住，要让孩子自己去经历。

当大人总是以自己的方式去帮孩子解决问题时，很快的或是几年之后，我们又会发现"这个问题变形了"，它以一种更厉害的、其他不同的面貌再度出现在我们眼前，如此周而复始……

我家两个小孩个性天差地别，豆芽性格温和，比较容易受欺侮；蝴蝶凶悍强硬，比较可能欺侮人。不管她们在外面被欺侮或欺侮别人，我一概不替她们出头或道歉。

面对孩子跟别人的纷争，我通常只跟孩子分享她们内心的感受和我的看法。而我的看法其实也不重要，所以我也不以我的看法来左右她们接下来要采取的行动。一向被尊重的孩子，终有一天，她也会学到如何尊重别人的……

保持幸福的距离

萓芽・不上安親班
奧林文化
大穎文化 總編輯 Carol謝
時間：6/08(日)15:00-16:00
地點：誠品台大店B1文學書區

比较多的父母在孩子很小的时候便很留意他们将来的人际交往能力，他们介意孩子在群体里的表现远远超过留意孩子独处的能力。希腊哲学家柏拉图（Plato）却说：“一个人游戏一小时所透露的关于自己的讯息，比一整年的谈话还要多。”

独处，是最贴近自己内在心灵、探索真实自我的方式。很清楚自己的人通常比较有机会从容自在地和人互动，这个从容自在不一定是人见人爱，而是种不卑不亢的自然器度。

在引导孩子学习的过程中，及早培养孩子独处的能力，不仅帮助孩子有机会学习独立、自我完成，对于妈妈来说，不必时时刻刻黏在孩子身旁，自然容易有自己的时间和空间做一些自己想做的事，不必为了生养孩子而完全放弃自我。

孩子和父母之间，要有相依相随的亲密感，同时也需要适度独处的机会，各自成全对方去追求自我的成长。我称之为“保持幸福的距离”。

从孩子一出生，便应该给予适度的独处的时间，让他自己一个人玩，即便是看看、玩玩自己的脚趾头都好。独处时没有外界的干扰，孩子可以安安静静地观察、思考，习惯和自己对话。有些新手妈妈因为太紧张，总是二十四小时紧迫盯人地盯着孩子的一举一动，稍一听到哭声，立刻飞奔向前察看。孩子从小缺乏独处的经验，其影响可能会持续到长长久久的一生。很多女孩子因为从小被家里保护得过于周到，一旦进了学校，连上厕所都要找人陪才敢上；之后再大一些，交往男朋友也势必要求男伴一有空便随侍在侧；上了班，一个人不能独立作业，非得拉个人一起工作不可；终于结了婚，更加名正言顺地巴着另一半，依赖到令人喘不过气来；然后，生了孩子，再把依赖重心转移到孩子身上……终其一生，从来未曾明白“每一个人到头来都要孤独地走完人生，凡事都得靠自己去经历”。

趁早让孩子学习独处的能力，我认为是父母对孩子应该有的引导责任。

豆芽第一次被我们带出门是在她三个多月时，圣诞节，我和Kevin带她去晶华酒店和圣诞老公公拍照。我知道台湾人的习俗是baby四个月前不带出门，我看豆芽长得白白胖胖的，很健康，实在没道理守在家里四个月不出门，Kevin也同意。所以，豆芽是三个多月就跟着我们两个一起出去！两岁时，已经跟着我们出国。我们到台东找她的干妈，一群人在关山的田野间骑脚踏车，豆芽也被我们放在后座，跟着四处游玩。我们大人上山下海，两岁还咬着奶嘴的小小豆芽也一路天涯海角地跟着。蝴蝶妹妹出生后，我们一样带着她到处去。我们的朋友或许有些惊奇我和Kevin这样大胆地带小孩，但没人嫌我们是拖油瓶，一次次地邀约我们带两个小不点儿出游。两个小人儿渐渐地练就出一副小旅行家的架势，跟阿姨、姐姐们也一下子可以混得很熟。

大人放心，孩子就会放胆去试。从容自在的气质，由此而来。

我也得承认这是个浩大的工程，带小孩出门，父母要有耐心、毅力，坚持下去，等到孩子大一点了，这些训练一定会在他身上产生影响，他会表现得很独立，自在面对生活。爸爸妈妈们会多一个贴心的小知己，而不是面对一个事事让人操心的小麻烦。

这就是真实的生活所带给孩子的力量。

在爸爸妈妈的部分，我更加地不赞同为了孩子放弃自我成长的机会。我很爱豆芽和蝴蝶，也很爱我的出版工作。我始终深信我可以同时陪伴孩子成长也兼顾我的工作。

要让孩子体谅支持爸爸妈妈的工作，绝不是整天在他们耳边念：“我每天这么辛苦地赚钱供你念书、吃好穿好，你还不知珍惜……”

我们之所以工作，绝不只是为了五斗米折腰的不得已而已，工作一定还蕴涵了某些你对自己的期许、梦想的追求和天分的成就。何不把这些有关于工作的有趣的、吸引人的部分让孩子看到呢？

每天，除了习惯询问豆芽、蝴蝶她们的学校生活之外，我也会把我一天在工作上所碰到的事用她们可以理解的话讲给她们听。我看到一些

这是去年我出版《豆芽不上安亲班》时，我们三个给读者签的名。我总是让豆芽和蝴蝶适度地参与我的工作……

好玩的、有意义的文章或影片，也会转寄回家和她们一起看，听听她们的想法。我的演讲、课程或新书发表会，如果可能，我也尽量让她们参与。豆芽和蝴蝶会理解，我除了是她们的妈妈，有时是作者，有时是老师，有时是个板起脸孔要求工作的老板……是这么多的“我”，组合成了她们的妈妈。而这么多的角色里，有时辛苦、有时喜乐；有挫折也有乐趣。这一切都需要她们的体谅和成全，一如妈妈对她们一样。

不要限制孩子，也不要轻易放弃自己喜欢的生活，亲子不是生来互相牵绊、拖累的。

你的生活是什么，就带孩子一起经历，同时，也允许孩子带进来你原来的生活里没有的。和孩子一起，努力而快乐地生活吧！

第二辑

关于台湾的教育现况

愈早学，愈早放弃

蝴蝶学游泳时，我一路看着她整个的学习反应和过程。刚刚开始，因为她怕水，很紧张，她认为自己不可能学会这么困难的事，恐惧远远超过她的学习兴致，所以她连试都不想试。后来，透过我和豆芽的陪伴、引导，她经历了学习一件新事物的完整过程，体会了学习的甘苦，理解了学习的本质，渐入佳境，很享受每周一次的游泳课。

因为很熟悉学习的模式了，蝴蝶上游泳课很轻松，有时会在一旁嬉戏。直到她升了一级，再度面对一个新的学习阶段，一开始上课，我又会看到她专注投入的神情，然后，熟悉了，再慢慢出现放松的神态……

蝴蝶的表现，是一个很正常而普遍的学习现象。当我们面对一个陌生的、还不熟练的知识或技能时，自然会绷紧神经、集中精神、全心投入，因为你知道非得如此无法学会。如果面对的是一个自己早就已经学过、已然熟悉的知识或技能，警戒心会降低，专注力不会太集中，因为很有自信，很难有耐心再三反复学习。

这个普遍而容易理解的学习行为，我想，任何一个人都曾经验过。

现在，我们把对“学习”的理解，拿来检视台湾普遍的幼儿园教育现象……

台湾的父母期待孩子要“赢在起跑点”，我们看到很多商品广告以让孩子赢在起跑点作诉求，这一句话在我们这个高度竞争的社会说来理直又气壮。仔细思索，却大有问题——赛跑时，起跑点不是大家都应该一样吗？要在起跑点就赢，势必非得作弊偷跑不可。于是，所有父母都知道小一的孩子要学拼音，便提前在幼儿园阶段偷跑，让孩子先学会拼音，再加上写写字，以便应付小一的课程。这其实是作弊。当所有父母都以这样的思维来思考孩子的学龄前教育时，集体的恶便成了一种不得不的必然，不正常多了、久了，也成了另一种形式的正常。一旦有一些父母不想让孩子提前偷跑时，所要面对的不只是大多数人的质疑，更悲惨的是连自己内心那一关都过不了，总是时不时地怀疑自己会害了孩子，或者是孩子无法承受“大家都会、只有我不会”的挫折。

大人们把焦点放在孩子与其他人的竞赛上，怕输，怕跟别人不一样，却独独忘了关照孩子内心对关乎他一生的“学习态度”有什么样的感受、认知。

我家豆芽即将升小四，在她这三年的学校生活里，我不只留意她的学习，也观察了其他大部分在幼儿园早早练就十八般武艺的孩子们的小学学习状况。

幼儿园大班的孩子或多或少都听爸妈和老师说过小学生活不像幼儿园自在随性了，这是个有考试、有竞争，上课要好好坐定、不能起来乱走动的规矩世界。小小孩怀抱着戒慎恐惧的心情上学去，首先发现的是——老师教的这些拼音和加加减减的数学都是我本来就会的呀！原来这个叫作“小学”的地方是这么容易应付的呀！考试也不算什么！随便张开半只眼睛写，轻轻松松就考一百分了，很多试题还是以前早就练习过不知几百次的了……

这些幼儿园早就学过的东西，小一的孩子不过是来学校再复习一次而已。下了课还得去安亲班写评量的孩子，便再复习第三遍、第四遍……而每多复习一遍，孩子的专注力便相对降低一些。因为太有自信，不必集中精神，三两下就可应付过去。这便是我上面提到的我们一般在面对“学习”时的惯性行为。

小一的孩子理应面对一个“学习”的开始。幼儿园教太多，孩子学太早，于是，小一的孩子只是“复习”。不幸的是，小小孩无法明白这其中的因果颠倒，他们误以为“学习是学我本来就会的东西”。

这错误的学习态度足足要延续两年，因为大部分的幼儿园已经把小一、小二该学的都教完了。

这两年，大部分的孩子考试成绩差异都不大，没有一百分，也有个九十几分，因为大家在幼儿园学的都差不多。我总是劝爸爸妈妈们不要太在意小一、小二的成绩，那无法真实地反映孩子的学习成果，只不过是验收幼儿园学了多少而已。

因提早学习而引发错误学习态度的苦果，一直要到小三才会显现出来……

小三的课业内容才是幼儿园没教过的，孩子们这时才面对了“真正的学习”。一直误以为学习应该是学本来就会的知识的孩子，一旦发现从这一年开始和以往不同了，焦虑、烦躁和一向的不专注，便严重地干扰着学习的心情，自然学习成效不彰，被爸爸妈妈质疑着“一定是不用功，成绩在三年级才变糟”的孩子们，真正的挫折由此开始……

解决之道是被送到安亲班写更多的评量，以换取表面上的好成绩。这或许有效。不幸的是，如果因此有效地拿到父母要的好成绩，而应该极被慎重看待和思考的有关学习过程中的一切，却被忽略了。孩子这一生便难再有机会真正体会学习的意义，只能一路靠不断的反复练习来应付接下来大大小小的考试。

而人生是无法事先练习的。

全世界所有学制都设定六岁的孩子上小学，开始精深的语言学习、运笔书写，是考虑到一个人的身心发展成熟度要到这个年纪才可能承担得起这学习的重量。两岁、三岁的孩子提早学这些拼音、算术也可以，但因为手眼协调能力不足，感知理解机能未成熟，学习备加吃力。过多的反复练习和背诵可以弥补理解能力的不足，让孩子表现出超乎年龄的学习成效，但是这个代价是孩子因此坏了学习兴致，失去了学习热情。

是不是要以这样的代价来换取一时的、表面的赢在起跑点，值得所有父母深思哪！

任何时代、任何地方，只要有人存在，竞争便无可避免。我们永远无法帮孩子选择竞争对手，当然也无从料敌先机。所有的竞争，应该由自己开始。你可能输给别人，也可能赢别人。如果你很清楚自己的能力，也愿意尽力，然后，可以接受跟别人的输赢，始终不看轻自己，或者过度放大自己，这便是赢—— 赢得了真正属于自己的一生。

这是我希望我的孩子尽早学习的。

如何为孩子选择适合的幼儿园？

如何为孩子选择一个适合的幼儿园？这是我时常被问到的问题。

面对坊间标榜着各式各样教学方法的幼儿园，要很笃定地做出抉择，的确有点难度，特别是这个选择还关系到孩子人生的初阶学习。

在回答这个问题之前，我想爸爸妈妈们得先问自己另一个问题——你心目中理想的幼儿教育（学龄前教育）应该教给孩子什么呢？

依我前一篇文章《愈早学，愈早放弃》所提及的状况，显然我们不应该在幼儿园这个阶段让孩子学习过多的记忆性的僵化知识，这些小小孩们最需要的是足够的肢体活动，透过活动去认识、探索出自己的身体潜能，还有培养生活自理能力，学习人我互动的处理能力。

我在送豆芽和蝴蝶上幼儿园之前，亲身走访过很多幼儿园。

有些幼儿园强调的是他们教出来的孩子很自律、很聪明。我看过一家有很多连锁分园的知名幼儿园，为了展示他们的孩子有多优秀，他们抓了一个一岁多，还不太会走路的小小孩出来表演。那个一岁多的孩子会认字，一些简单的字，如大、小、早、好……都会认了。还会数数字1到100。

好厉害的小baby呀！

如果有一个幼儿园展示这样的成果给你看，妈妈，你会因为想让自己的孩子赢在起跑点上，就把孩子送进去吗？

我向园方提了一个问题："请问你们用什么方法把孩子教得这么厉害？"

对我来说，结果不是最重要，我比较在意的是孩子学习的过程。

如果有一个好方法可以把孩子教得这么棒，我也愿意。如果是以扭曲孩子的自然学习，才换来这个成果，那么，谢谢，不必再联络。

老师开了一个窗户让我看到教室里的学习状况——

一群还在地上爬来爬去的小baby，一个一个轮流被老师拎到面前。教师拿着字卡，对着孩子说“大——”，孩子跟着念“大——”。

轮了好几十张字卡。一轮完了，第二轮换考孩子，这次老师不出声了，静静地拿着字卡，等待孩子念出来。念对了，好棒！给颗糖奖励一下。念错或念不出来，老师再重复念几遍让孩子跟念。如此，一而再、再而三……

这便是孩子们学习的过程：僵化、呆板、无趣。经由一次次的反复背诵达到熟记的目的，成果是孩子们以这样无意义（或可称为无意识）的背诵换来的。这代价在我看来不合算！

很多幼儿园为了迎合爸爸妈妈“赢在起跑点”的迷思，以学科表现为导向。这种幼儿园很容易看出来，如果你不是有这种迷思的父母，应该一眼就可以过滤掉这样的幼儿园。

我也问幼儿园他们用的是哪一套教材，但我希望他们拿不出教材来。正常的幼儿园不应该有学科教材，幼儿园不是国民义务教育，本来不该教孩子写字、认字。拿得出教材来的，便可能照着教材进度一天天走，花这么多时间完成教材进度，孩子自然没时间玩乐、探索，完全偏离了小小孩该有的正常学习轨道。我很推崇蝴蝶现在念的这个蒙台梭利系统的幼儿园，他们是没有教材的，很多的教材是孩子自己手做的。有时剪剪贴贴，有时涂涂画画，歪七扭八，却充分显现出孩子质朴的创意和渐进学习的努力。我知道有些妈妈会计算“缴了那么多学费，连个教材都没有”，但我更珍惜孩子自己完成的教材，我把蝴蝶带回来的每一张画、每一片纸头拍照或扫描，标日期、存档，作为将来我们共同的美好回忆。

园长的理念通常便是幼儿园的文化风格。我总是在一开始时花很多时间去听园长阐述他的教育理念。理念适合，孩子的学龄前教育便是在学校和家庭通力合作下进行的；如果不是，两股力量互相拉扯，不只造成孩子的学习矛盾，爸爸妈妈也要耗尽心力处理孩子在幼儿园所发生的诸般问题。得不偿失哪！

有些园长理念很棒，可惜面对孩子的第一线老师无法落实园长的好理念。所以，我要问有关于老师的问题：老师在这里待多久啦？老师怎么看待孩子吵吵闹闹、哭哭啼啼呀？老师用什么方法规劝或处罚有失当行为的孩子呢？

一个对孩子用心的幼儿园会在毕业典礼这样的时机为孩子营造日后美好的成长回忆……

蝴蝶手做的“教材”，
质朴可爱……

自己贴贴画画的，
学习起来更有兴致……

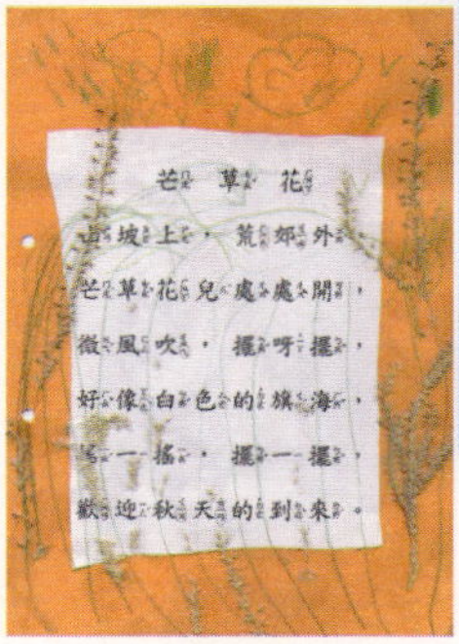

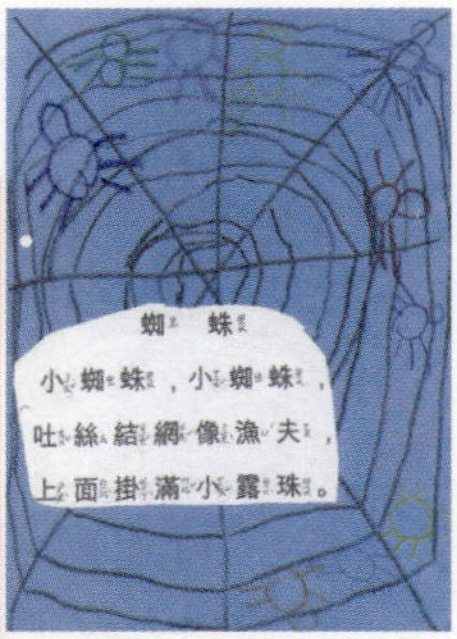

这样的“教材”，值得
永久珍藏。

蝴蝶虽然是自己要求要上幼儿园的，但是当时毕竟还小，初进园所的第一个星期也是天天哭。

很多妈妈都听过有经验的人说孩子哭几天就好了。事实是这样没错。不过，我还是要强调——很多事情表面看起来最后的结果是相同的，但是，因为过程不一样，对孩子内在的、心灵的影响就会产生很大的差异。

我参观过一家幼儿园，见到一个小小孩很可怜地躲在角落独自饮泣，不是大哭大叫，是很无助地哽咽啜泣，小小声的，听起来更让人难过。

我问老师：“那个小朋友怎么一个人躲在那里哭呀？”

老师说：“他刚来几天，还在适应环境，总要哭个几天的，大部分的孩子都是这样，他自己会好……”

我已经不想再跟老师谈下去。

我走过去拍拍那个哭泣的孩子，让跟着我一起去的豆芽拉拉那小孩的手，安慰他。

我无法想象如果在那里哭又没人理的是豆芽或蝴蝶，我会有多伤心。

很多大人知道要让孩子独立、坚强，却操之过急或误用方法，在孩子还没建立起自信心、安全感时，硬推他出去。这样做，只是让孩子平白受苦，让他以为这世界本该这样残酷而已。

我们周围有很多人很独立、勇敢。但有一些勇敢的人会帮忙比他弱势的，有一些坚强的人却看不起比他弱的人。

差别在哪里？

曾经被安慰过的人，也会学着安慰别人。被丢着独自无奈地摸索，被逼着不得不勇敢的人，愤世嫉俗的情绪多一点，当然也不会体谅那些比较弱势的人了。

一个以孩子自己会恢复为理由却不去扶孩子一把的老师，是不及格的。这样的幼儿园会有什么质量，再没经验的妈妈应该也可以感受到吧？

除了那些现场就看得到的状况外，我会问园长的问题大多跟课业无关。

我问比较多的是：会定期带孩子到外面走走吗？都到哪里去？中秋节、圣诞节会带孩子怎么过？有毕业旅行吗？孩子吃什么点心？每个月会固定给我菜单看吗？一班几个小孩？孩子午睡多久？上课上多久？在等待爸爸妈妈来接回家前这段时间，园所让孩子做什么？

然后，还要看看环境，有没有天天做一些基本的消毒工作呀？会不会让孩子也动手帮忙整理环境？如果有孩子生病了，园所是怎么处理的呢？

我在意的还是生活。

整天把孩子关着、不办好玩的活动让孩子玩的，我都认为是偷懒的幼儿园。

蝴蝶现在念的幼儿园，很彻底地执行了蒙氏的教育理念——尊重孩子，老师扮演引导而不是教导的角色，尽量在生活里让孩子学到他们该学的知识及技能。

豆芽之前念过一个全美语的幼儿园，毕业典礼很公式化地草草了事，连我跟豆芽这对超级爱哭的母女都挤不出一滴感动的泪水。

豆芽后来转念蝴蝶现在念的蒙氏幼儿园很慎重地为孩子们安排了一次毕业旅行，去农场玩了一天，晚上爸爸妈妈也赶去参加晚会聚餐，大人小孩都把脸画成土番样，围着营火唱歌跳舞，玩好玩的游戏……

我记得有一个游戏是分组竞赛，题目是不能用任何工具把分到的水果快速吃掉。我们这一组分到一个大西瓜，蝴蝶爸爸二话不说，拿起大西瓜往地上砸，我们这一组的大人、小孩像乞丐似的抢着拣起地上的烂西瓜，每个人都啃得一头一脸的西瓜汁……

啃完了，彼此相视，看着对方的狼狈样哈哈大笑。

不只是孩子，我想连参加的爸爸妈妈们都玩得很开心，还会将这一幕记忆到永远吧。

最后，爸爸妈妈把对即将上小一的孩子的祝福写在字条上，绑上气球，很虔诚地牵着孩子的手，一起放气球，大约是放天灯那个意思。气球高高飞起，祝福可以实现……

当气球飞上天空时，我泪眼模糊地对那时要毕业的豆芽说：恭喜你，长大喽——

重头戏是——爸爸妈妈回家，孩子们留在农场过夜。

那是豆芽第一次离开我们，在外面过夜。

那一次，她的幼儿园已经让我们这些爸爸、妈妈们练习了——放手。

我在这个幼儿园体会了这么多他们对孩子的美好心意，当然，蝴蝶要念书时，我还是千里迢迢地从天母把她带到东区来上这所幼儿园。

一个愿意费心带孩子体验生活、为孩子营造美好记忆的幼儿园，便是最适合孩子的幼儿园。

也许妈妈们可能说我不懂什么教学方法好，什么不好。但是，孩子每天在我们眼前，他快不快乐，妈妈们应该很清楚。一旦孩子表现出上幼儿园是很痛苦的折磨时，请不要一下就断定是孩子偷懒，花点时间去了解原由，才可能看到真相。

专家和育儿书上的研究、说法，当然可以参考，但最终我还是要建议——请把焦点放在自己的孩子身上吧。看看孩子需要的是什么，理解他，为他争取合乎自然的教育方式。所有选择的标准，说到底，只是这个而已。

要不要上全美语的幼儿园？

要不要上全美语的幼儿园呢？这跟其他所有关于孩子的问题一样——没有标准答案。因为每一个孩子的特质及学习模式都不尽相同。但思考这个问题时，除了一般惯常想到的“学语言愈早愈好”的观念外，我要提醒的是：孩子的学龄前教育其实还牵涉到文化认知及生活能力的问题。这或许是在考虑是不是要把孩子送进全美语幼儿园时不得不深思的。

我家豆芽念了全美语的幼儿园，外加一年蒙台梭利系统的幼儿园；蝴蝶妹妹则是延续豆芽后面那个蒙氏的幼儿园，从宝贝班开始，一路到如今的中班。我因为同时接触过不同类型的幼儿园，有些观察或者可以提供给爸爸妈妈们参考。

豆芽姐姐一岁时，是个超级内向、害羞的孩子，只有我跟爸爸和保姆可以碰她，一见到陌生人就哇哇大哭。她的反应把我吓坏了！心想这小孩这样下去怎么办呀？简直跟自闭没两样！

我撑到豆芽两岁半，早早就把她往幼儿园送。我的想法是，愈是怕生、害羞的孩子，愈是应尽早让她接触多一点人。保姆把她带得很好，但是，豆芽的个性需要早一点藉由群体生活来帮助她开放自己。

两岁半去上幼儿园似乎又嫌早了点，所以，我费尽心力访谈了很多家幼儿园，终于找到一家全美语的新园所。他们只有一个班，那一班孩子包含豆芽，只有七个人。这一班七个小小孩有一个中文主任教师、一个外教、一个中文助教，外加一个煮饭阿姨负责照料。意义上比较像托儿所，不太像幼儿园。

我并不在意豆芽是不是很小就要学英文，我当时完全是因为师生比例让我觉得两岁半的豆芽可以得到比较周全的照顾。再一个原因是，我希望胆小怕生的豆芽，可以多多亲近外国老师，外国人一般比我们东方人热情，肢体动作大且夸张，性格也活泼许多，畏缩一点的孩子给外国人带，多少可以让孩子放开一些。

每天我们送豆芽到校门口时，她那高大魁梧像只熊的外籍老师早等在那边迎接孩子，豆芽总是一路跑着冲过去、跳上老师怀抱，然后像只无尾熊似的让老师抱进教室。老师和孩子间亲密的互动，是全美语幼儿园最吸引我的一点。

豆芽的性格虽然羞怯，但是她温柔、天真，对所有人都怀抱着善意，也不怕显现出自己的不足会遭人讪笑，所以她与外国老师的对话完全没有任何障碍，反正她会也讲，不会也讲，乱七八糟讲，再加上比手画脚，倒也学会了很标准的英语腔调。

蝴蝶是另一种性格的孩子。她大胆、早慧，凡事自有定见，对自我要求也高，她还不擅长的事，不愿意在众人面前练习太多次。这样的性格如果送她到一开始便被要求使用非母语的全美语幼儿园，我想她会沉默很久很久。我不确定在她沉默的这一段时间会对她的自信心造成多大的挫伤，所以，我很笃定蝴蝶不适合念全美语的幼儿园。

我后来也见过几个不适合的案例，比如孩子之间有纷争，只是哭，问半天也问不出个所以然，后来才弄明白原来孩子一直谨记着学校“NO CHINESE”（不准讲中文）的规定，连用中文都还说得不清不楚的话，他自知无法以英文表达，只好闷声不吭，一路哭到底。

初始，我对于是不是送孩子上全美语的幼儿园还有些保留。直到我一日日地观察念了蒙氏幼儿园的蝴蝶的表现，我终于明白这之间的差异了……

蒙氏教育的重点在透过日常的实务操作，锻炼孩子的肢体掌控能力及进行所有相关知识技能的学习，所以，蝴蝶的幼儿园花了很多的心思和时间去引导孩子“学习生活”。

中秋节时，蝴蝶告诉我月亮里有吴刚和玉兔，还有嫦娥小姐，顺带提到太阳、地球和月球自转公转的关联。说着说着，一不留神就扯远到九大行星去了，哪一个星距离我们最遥远，哪一个星最大，娓娓道来，如数家珍。

冬至吃汤圆，蝴蝶边吃边数列出中国的二十四节气。虫蚁鸟兽、时花令草，她知之甚详，一点也不含糊。

传授这些关于语言的、人文的、天文地理和历史传奇的知识给小小孩，一般被视为不太可能，因为很多相关的知识对大人来说，都还显得有点难度。其实真正的问题不在于这些知识的难易度，而在于我们一向的学习方式。一旦这些丰富多彩的学问很自然地融入孩子的生活中，在听故事、玩游戏的方式下有趣地进行，小小孩们的潜力是无穷的。

蝴蝶已经学会的这些基本知识如果换用英文来跟她讨论，我想，不管是从老师讲授的角度或孩子的理解方面来看，几乎都是不可能的。因为英文不是我们孩子的母语，外籍老师对于古老的中国文化是否体验深刻到足以带领孩子见识到其中的精髓，这恐怕都是得留意的问题。

任何一个国家、民族，文化的传承，最最根本的，就是教自己的孩子认识自己，认识我们生长的地方。这是根，一个孩子的学习应该从有根基的本土文化开始，有了这个稳固的基础，才能以开阔的胸襟兼容并蓄其他文化，既珍惜自己的文化也尊重其他文化。

英语是世界的语言，是与世界接轨的桥梁，值得学习。但是，要让其他人愿意耐下心来听你说话、看重你说的话，关键还是在于——你说了什么。

英语只是一个介绍自己、与人沟通的手段，要紧的是你知道怎么介绍自己吗？你有什么是值得别人来认识的？而这个内容（你所代表的文化）是需要从小就花很多时间慢慢去累积起来的。如何说英语，任何时候，只要你想开始，为时都不晚，也没有想象中的那么难，只要方法对了便是。

幼儿园不该有家庭作业

我这样斩钉截铁的标题——幼儿园不该有家庭作业，恐怕和很多家长的经验相背离。我明白台湾学龄前教育肩负着训练孩子成功地衔接小一课程的使命，除了在幼儿园提早学习拼音、读写无可避免之外，回家再加强练习地写一些作业，似乎也是台湾幼儿园孩子的宿命，没有转圜的余地。

但我很坚持，幼儿园不可以留家庭作业给孩子，我家豆芽和蝴蝶也都力行“上小一前不学写字”的原则。

学龄前的孩子因为手眼协调能力、大小肌肉的发展未臻完善，运笔的力道、书写精准的能力都还很难自我掌控，不是他们不愿意学好、写好，而是先天能力还不足以支持他们完成这样高难度的精密书写动作。过多的反复练习只会快速摧毁孩子的学习兴致，降低学习意愿，同时也让孩子误以为自己能力不足，提早丧失学习自信与热情。

在学校，我尚且坚持老师不要让孩子拿笔吃力地写字，更不用说回到家还留什么作业了。

一天早晨，蝴蝶早早起床，我看她闲着没事做，顺手从书架上抽了两本绘本给她，交待她：“蝴蝶，这是妈妈公司的新书，你看一看，等一下告诉我你看到了什么……”

我说完便去忙我的事。原本一向可以独自看书看很久的蝴蝶，一下就捧着书来找我，说：“妈妈，我看完了，我要告诉你我看到的故事，这两个故事是说……”

蝴蝶很快地把两本书的故事经过约略说了一遍。我有点失望，以往她会用很多字句词汇（不管对或错）描述她对故事人物的感觉、看法，甚至引申到跟她的实际生活相关的内容，说得兴高采烈、活灵活现的。这一次，草草了事，明显是在应付我。

我没有要求她重读，我大约已经警觉到问题出在“我用留作业的方式命令她”。孩子一旦感受到被逼迫的压力，自动学习的能力马上终止，他们把全副的精力用在准备应付大人给的任务这件事上，努力揣想大人期望的结果，要求自己速速完成，交差了事，以便让自己早些从这股窒息的压力里脱困，完全无暇顾到其他可能的领会。

留家庭作业给小小孩，便是这样的状况。

蒙氏幼儿园里用了大量的教具让孩子工作，这些工作都是为了熟练孩子的手眼协调及大小肌肉的发展，为孩子上小一之后的精细读写学习做预备。有些家长很认同蒙氏对孩子的启发式教育，很认真地考虑自己也花钱在家备一套教具，以便孩子回家后可以练习。这一样是留家庭作业的概念。孩子在幼儿园的一切学习及活动，大都是经过设计的、偏群体的学习，孩子学的是“专注的、融入团体的能力”，经过一整天的社会化培训工作，已经够了，孩子可能也累了。回家要学的是“放松的、面对自我内在的能力”，透过和家人间亲密的交谈、拥抱，体会到跟在幼儿园完全不一样的气氛，充足了电力，隔天再去另一天的学习历程……

回家不写作业未见得就没有学习。学习有各种不同的形式，太过

于单一的、反复的操作容易令年幼的孩子感到不耐，写了过多的家庭作业其实是适得其反，丝毫无助于孩子的学习。

家，是一个人休息、得到抚慰的地方；家人，是可以互相倾诉心情、分享情绪的支柱。家，是一个孩子最安适的后台，他回来可以安心地玩、静静地躺着休息，享受纯然的放松。学习的事，明天到幼儿园再伤脑筋吧……

不好玩的学习，都免谈

意大利教育家蒙台梭利（Maria Montessori，1870—1952）有一个很重要的教育精神基础，她认为每一个孩子都有自我学习、使自己趋于完美的潜能。白话一点说，就是孩子是可以自动自发学习的，不必老师、爸爸妈妈逼迫。

很可惜的是，只有极少数的大人愿意相信孩子有这种能力。于是，大部分用来教孩子的方法，都倾向压抑、限制、管束。因为违反孩子的基本天性——好玩，终于我们所见到的大部分孩子都表现出视学习为一种极痛苦、不自由的折磨。

对孩子来说，最最不好玩的学习便是经过大人精密设计的，当然，还有考试。一旦具备了这两个特质的其中一个或不幸的两者兼备，那么，大人们愈努力地教导，所得到的挫败感将愈深沉，注定了看不到孩子的任何学习成效。

我在上“父母成长课程”时，时常以一个故事来向妈妈们示范这个道理。

我先讲一个绘本的故事。这故事名为《一寸虫》（*Inch by Inch*）。

故事是这样的——

有一天，一只饥饿的知更鸟看见了一条一寸虫，碧绿绿像是祖母绿宝石，停在小树枝上。它正要一口吞掉它。

“不要吃我，我是一寸虫。我很有用，我会量东西。”

“真的喔！”知更鸟说，“那你来量一量我的尾巴！”

“那容易。”一寸虫说，“一、二、三、四、五寸。”

“真的呀！”知更鸟说，“我的尾巴是五寸长！”

然后，载着一寸虫，飞到别处找也要量一量的鸟。

一寸虫量了火鹤的颈子。它量了大嘴鸟的喙……苍鹭的脚……雉鸡的尾巴……还有蜂鸟的全身。

有一天早晨，夜莺遇见了一寸虫。

我通常在这里会卖个关子问大家：“你们觉得夜莺要一寸虫量它的什么？”即便是没有看过这本绘本的妈妈也都可以很快地答出：“量它的歌声！”

是喽！量歌声！

一寸虫这下可为难了。它说，“我只量东西，不量歌。”

“量我的歌，要不然我把你当早点吃掉。”夜莺说。

赶紧，一寸虫想到了一个点子。“我愿意试一试。”它说：“开口唱吧！”

夜莺开口唱，一寸虫动身量。它量呀量，量呀量……

一寸又一寸……一直量到不见了踪影。

每个听完故事的妈妈总是哈哈大笑，因为有趣又好玩。这个小小的一寸虫真机智呀！

讲完故事，我故意对着还笑意盈盈的妈妈们严肃地宣布：“来！听完故事了，我要知道你们刚刚有没有专心听我讲故事，考试！”

妈妈们收起了笑脸，面面相觑。心里大约是想这个Carol老师真无趣哪，讲故事就讲故事嘛！考什么试！

我说：“第一题——我刚刚讲的一寸虫量了几种鸟类？”

大家一阵七嘴八舌的乱猜，八种、五种、六种……

我并不在意答案。于是，又出了第二题：“一寸虫量的是哪些鸟类？”

大家又是一阵拼拼凑凑地答：“蜂鸟、夜莺、火鹤、苍鹭……”

答案零零落落的，怎么回想都凑不全。

我故意正色地说：“我只考两题，一题五十分，所以在场的各位应该是不及格的人多。你们真是枉费我这么用心地讲故事哪！原来我讲完了，你们根本都没记住嘛！所以，我是不是可以下个结论——你们刚刚根本没用心听我讲故事。是吗？”

有些妈妈会很当真地回我：“老师，我们很认真听呀！”

“认真听了，为什么考试考零分？”我故意再进逼。

“因为……因为……”妈妈们急了，“因为听得太认真了，所以没记那么多嘛！”

是了。这就是我要的回答。

我们的考试方式大都是偏记忆式的，当你很享受地聆听一个故事时，你完全投入故事情境中，你化身成一寸虫，感受着它被逼迫的无奈，也庆幸它终于机灵地化解了危机。在故事进行时，你一下揪着一颗心，一下又放松地大笑，你不在意自己记不记得故事里的几种鸟，因为这故事太好玩了！听故事！就是好玩就好！

但是，当你的角色回复到妈妈时，讲完一寸虫的故事，你是不是又会忍不住出两道像我出的那样的记忆式试题来测验一下孩子？

因为你还是想知道孩子们到底吸收了多少经由这个故事所传达的知识和寓意！

过多的问题、不断考问孩子，其实是大人不信任孩子学习能力的表现，而这些问题及提问方式令孩子丧失自信与自尊，当然，也没什么乐趣可言了。缺乏乐趣的学习，所有孩子都不领情！

孩子们感到最好玩的游戏都是顺应当时情况自然发生的，事先计划的游戏恐怕都不会很好玩，纯粹为了好玩而玩，通常便可以在玩的过程中发明新游戏，甚或学到新知识。

所以，想要让孩子学习成效彰显，最好的手段是——好玩！

只是单纯地讲完这个故事，不问问题、不考试，已经够好玩了。

孩子们学到了什么呢？

当我问夜莺要一寸虫量什么时，大部分没读过这故事的妈妈也可以答上“歌声”这个答案。为什么？因为前面的线索——火鹤脖子很长，所以一寸虫量它的脖子；蜂鸟是全世界最小的鸟，所以一寸虫量它的全身；苍鹭脚最长，一寸虫当然量它的脚……一寸虫量了每一种鸟类最具代表性的身体特征。

依此类推，即使你没看过故事，依旧可以推论出夜莺理应量歌声……

孩子的学习模式，也是如此。

所以，你应该知道听完这个故事的孩子学到了什么吧？

另一个更好玩的点是——把问问题的权利留给孩子。听完故事后，孩子最感兴趣的，自然会变成一个有趣的问题。

我家蝴蝶听完后，直追问我蜂鸟到底有多小。于是，我们把其他鸟类丢在一边，倾全力去追寻蜂鸟。

我带蝴蝶上网查蜂鸟的所有相关资料。原来台湾没有蜂鸟，它只生活在美洲。蜂鸟能够通过快速地拍打翅膀（大约每秒十五到八十次），悬停在半空中，它还可以倒着飞行呢！蜂鸟喜欢有花植物（尤其是红色花），蜂鸟采食这些植物的花蜜，它们采花蜜时能在花前悬空逗留。简直像表演特技！

我也在几个网站上搜寻到蜂鸟的照片，蝴蝶看到它们墨绿色和深蓝色闪亮的羽毛、细小尖长的嘴，身体精致小巧，直呼好可爱啊！

后来，我们看到电视上一个韩国品牌的屏幕广告以蜂鸟作为主角，来强调他们产品的精细画质和色彩斑斓，一直称赞这个家电品牌好有眼光！

对蝴蝶来说，她的学习始于一个有趣的故事，无意中还涉猎了有关蜂鸟的自然知识，然后，在生活里的电视广告得到了一个很好的印证——原来知识无处不在！

孩子适合给阿公阿嬷照顾吗？

蝴蝶刚刚出生时，我婆婆很喜欢逗弄豆芽说：“妈妈喜欢新妹妹，不喜欢你了！”豆芽每回都被激得暴跳如雷。我知道这是很多老人家逗小孩开心的方式，阿嬷没有恶意，但在我们现在很在意孩子内心感受的妈妈眼里，实在无言以对。阿公阿嬷用一些比较传统的方式对待儿孙辈，与现代妈妈的新式教养观不免格格不入。很多妈妈因此很困扰到底是不是可以把孩子托给阿公阿嬷帮忙照顾。

我回想我小时候……

我有两个阿嬷。一个是我爸爸的妈妈，麻豆阿嬷；另一个是我妈妈的妈妈，西港阿嬷。

我的两个阿嬷都很会讲故事。

只要我放假回麻豆，麻豆阿嬷就会在夏夜里，让我躺在凉席上，轻轻摇着她的小花扇为我扇风、赶蚊虫、讲故事。麻豆阿嬷讲的故事都是忠孝节义，教人孝顺善良的好故事。我总是静静地望着夜空里的星星，朦朦胧胧地进到阿嬷的故事里去……

虽然妈妈时常告诉我以前她刚嫁进门时，麻豆阿嬷对她并不好，因为她没有带很多嫁妆过来。台南人嫁女儿，都是要嫁妆一牛车的。

但是，麻豆阿嬷对我很好，我很喜欢阿嬷，也喜欢阿嬷讲的故事。

西港阿嬷住在我舅舅家，离我们家很近，平常我爸爸妈妈忙生意时，西港阿嬷会帮着张罗我们几个小孩的生活起居。寒暑假一到，西港阿嬷会带着我们表兄弟姐妹一行九个小孩回西港度假，我们这群小孩都离开自己的爸爸妈妈，整个寒暑假跟阿嬷生活在一起。

阿嬷不会像爸爸妈妈一样限制我们，她也不会盯我们写功课，因为她根本看不懂功课。她让我们跟着西港的小孩到处到田里、溪边玩。西港的玩伴带我们去比赛骑脚踏车，大家摔得鼻青脸肿回来，阿嬷也不会从此禁止我们不可以再骑脚踏车。有一次，西港的小孩带我们去人家田里偷摘西瓜，我们其中一个跑得太慢，被种西瓜的伯公逮到。虽然伯公没有把我们抓去关起来，而且还把几个有点烂烂的西瓜给我们吃，但我们还是很担心回去会穿帮。后来，阿嬷还是从不知道哪一个三姑六婆那里听说了我们偷摘西瓜的事。听说阿嬷拿钱去还给种西瓜的伯公，虽然伯公不收，她还是把钱压在桌上，说是帮我们几个小孩买西瓜。

我们没人敢去问阿嬷是不是真的去买西瓜了。这一切都只是听说。

西港阿嬷跟麻豆阿嬷一样爱讲故事。只是，西港阿嬷的故事不可以在夜空下、大家聊天时讲，她总是在我帮她拣菜、折衣服时，跟我一个人说这些故事……

阿嬷说三叔公年轻时很“匪类”（台语），时常跟村子里的人打架，还欠了一屁股债不还；阿嬷还说，九婶婆年轻时骗了她十块钱，阿嬷托九婶婆帮她买一盒粉，结果粉没买来，也一直没还钱；阿嬷也说，她其实很早就知道阿公跟村子里的那个女人有暧昧，她只是不想讲而已。我永远都记得阿嬷深深地叹口气：“唉——女人就是这样啦，为了儿子女儿，什么苦都得往肚里吞哪……我也不识一个大字，没读册（台语），跳无路[1]（台语）啦……”

阿嬷讲完故事，还会压低声音叮咛我：“等一下出去不要乱讲喔……”

我总是乖乖地点点头。一出门，迎面走来的就是三叔公和九婶

[1] 没读过书，没出路的意思。

婆……

麻豆阿嬷讲的忠孝仁爱信义和平的故事，我很喜欢听，到现在也还依稀记得几个故事内容。但是，西港阿嬷讲的这些活灵活现却又像乡野传奇的故事，我到现在一把年纪了，件件记得真切，怎么也忘不掉。

我开始谈恋爱时，便不在意跟我交往的男人是不是有钱，是不是比我聪明，我早早就知道不管我将来嫁给什么样的人，男人不是我的天，我要过我自己想过的生活。现在，人类都快要可以移民外层空间了，我的朋友里依然有像西港阿嬷那样的女人，不管丈夫做了什么，总是可以忍耐着过日子。那跟我的生活很不一样，但我并不因此而看轻这样过日子的朋友。因为，不管经过了多少年，西港阿嬷那深沉的、无奈的叹息声始终在我耳边回荡……

很小很小的时候，在西港阿嬷的故事里，我早就听过人生的无奈。

我的一些朋友说我三四十岁的人，看事情却像有五六十岁的年纪一样透彻。我总是想，是因为西港阿嬷在我小时候讲了那些故事给我听的影响吧。

阿公阿嬷不一定懂得这些现代新颖的育儿知识，但不一定要有这些新知识才能把孩子带得好。一个很会讲故事的、讲的故事甚至不必然要主题正确的阿嬷，也很有机会可以把她的人生阅历教给对人生还充满想象、懵懂天真的小孙女。

我的两个阿嬷都是古时候的阿嬷，我小时候很少看到她们看电视。现在我遇见的苦恼着不想把孩子交给阿嬷带的年轻妈妈们，总是形容“阿嬷很爱看电视”，她们很忧心跟阿嬷在一起的孩子会一天到晚看电视。其实，老人跟小孩一样，只有没事可做、无聊的人才会无时无刻只想看电视。

你问过阿嬷的故事吗？或者是鼓励被阿嬷带的小孙子、小孙女问过阿嬷的故事吗？

一个人到了一定的年纪后，通常便有很多故事可讲，而那些真实的或者经过记忆、想象改编和美化过的人生故事，绝对比孩子们看的绘本故事要精彩个几千几百万倍呢！

所以，在豆芽快要被阿嬷的“妈妈只喜欢新妹妹”的无聊老招激怒前，我总是赶忙催促豆芽——叫阿嬷讲她的故事给你听，讲她小时候跟她妹妹的故事给你听。

唉……虽然有些阿嬷还真的是没有讲故事的天分，但我很小就知道的，人生总有些无可奈何嘛……

小小孩也要做家事

最近电视上有一个很有趣的广告，播的是一个小男孩运用想象力向同学介绍他玩过的地方，他说他爬上“西瓜树上”休息，到雪山隧道滑雪……听得其他小朋友满脸狐疑。我刚刚念大学时，也听过我同学说要吃芹菜的叶子，把芹菜茎丢掉；甘蔗是用来喝的（因为没看过整根完整的甘蔗，只喝过甘蔗汁）……

这些真实存在的笑话其实反应了某些台湾教育的问题。台湾孩子一向被要求把所有的时间和精神拿来用功读书，其他的一切都等长大后再说、再做。但是，有些事是需要时间慢慢去累积的，时机一旦错过了，也许再也没有机会重来了。真真实实的生活经验，便是不从小扎实经历、长大后不可能一蹴而就的。

蝴蝶念的蒙氏幼儿园很强调让孩子们从处理日常生活的需求中，学习到所有学龄前孩子该学会的生活能力。每个小小孩在幼儿园里每天都要负责擦桌椅、浇花，甚至担负一些简单的刷洗工作。从工作中，孩子们运用自己的实验方法、组织归纳能力，想出各种可以把事情做好的办法，而这办法可能不只唯一一种，从而见识到没有标准答案的各种弹性和可能。这些扎实的生活自理能力会内化成他们学习力的一部分，影响到孩子们日后的学习态度及热情。

如果你的孩子已经在幼儿园被这么良好地引导过了，回家后，家庭教育的部分只要延续这份美好的学习经验就可以了。机械式的无趣抄写作业，完全不可能延续这样的学习功效，唯有“做家事”可以。

为什么是做家事呢?

因为各式各款不同类别的家事具备了多变的特性，完全符合幼儿

蝴蝶做蛋糕。准备材料的过程中，其实已经包含了简易数学的概念……

这是蝴蝶和我一起做的点心。卷蛋卷的过程，训练了手眼协调的能力……

喜爱变化的学习特性。再者是因为妈妈最常在孩子面前示范的便是做家事，倒一杯水，端个餐盘，对善于透过模仿来学习的孩子来说，是再适合不过的方式了。做和妈妈一样的事，除了可以彰显“我长大了”的意涵之外，还表示“我和妈妈是很亲近的战友，我们做了一样的事”，孩子藉此获得自我认同和与妈妈之间的亲密联结。这些细腻的情感感知，对幼儿来说，是很重要的成长依靠。

小小孩做家事其实没有想象中的那么难，只要事先把环境的安全性考虑周全，同时也把孩子可能受限的地方想办法解决，家里的任何一个场所都可以是孩子学习探索的好地方。

孩子最感兴趣的地方，通常是厨房。妈妈在厨房忙时，很多小小孩喜欢跟前跟后地想帮忙，通常总是被妈妈嫌弃碍手碍脚的，也怕一个不留神被烫着、切伤了。“去去去！妈妈在忙！这里很危险！”这样的说辞不只挫伤孩子的学习兴致，也伤了孩子一片想帮忙的善意。

从小不习惯帮忙做家事的小小孩，长成有能力协助家事的青少年时，任凭妈妈喊破嗓门，也很难心甘情愿地帮一下忙了。

通常我在厨房准备餐点时，会让蝴蝶在一旁帮点小忙。打打蛋花、冲洗蔬果，或者是帮我清理一下垃圾。厨房里其实多的是既安全又孩子能力可及的事，只看妈妈愿不愿意腾出一点耐心和时间，一面做菜，一面陪孩子玩家家酒。

有的时候，我没多余的时间照料蝴蝶，便会在料理台挪出一个小空

帮忙摆置餐桌碗盘，是另一种生活美学素养的训练……

间给她，让她自己做点小点心。我会先帮她切好一些甜椒丁（红色和黄色各一盘），还有一盘吉士丁，再给她几片超市买来的小法国吐司片。蝴蝶用小汤匙把彩椒丁和吉士丁平均分放在每一个小吐司片上，然后自己去庭院剪几株她要摆盘的花花草草来装饰。一切准备妥当，自己拿进小烤箱里烤个五分钟，之后便心满意足地享受起自己亲手做的美味小点心。

从她操作这一道小点心到完成、自己静静地吃，足足大约可以有半小时到四十分钟的时间完全不太理我，因为太专注于她自己的料理，她才没空再来管我在做什么呢！我也只需要偷眼瞄一下她的状况，或是跟她聊两句，完全不会妨碍到我手上正在进行的工作。大人和小孩共事愉快，一点也不必大吼小叫地伤感情！

类似这样的点心工作，看来没什么意义，其实在操作的过程中，孩子已然做了无数次的手眼协调训练了（她要把小丁精准地移到吐司片上，中途不掉落，还要准确地放在正确的位置上）。

做蛋糕时，需要两个蛋，拿了一个给妈妈后，还要再拿一个才够，这是生活中的加法；切水果时，一刀下去，一分为二，一片是二分之一，这是将来小学要学的分数概念。做家事，让孩子将来面对这些抽象的数理概念时，可以从生活里找到实际的经验联结，帮助孩子快速地理解这些概念。

生活中尽是学习。而这些学习有助于孩子将来应用在学科知识上，希望孩子将来念书成绩好，更没道理不让他从小练习做家事吧？

任何一项技能或者是好品格都无法空想出来，必须经过千锤百炼。这需要很长的时间投入，趁早让孩子开始这些学习吧。

请相信孩子有自我修正的能力

几年前豆芽念了一个全美语的幼儿园，老师让她们描绘英文字母，之后，老师告诉我豆芽写的S总是方向相反，写成Ƨ。我只是淡淡地笑笑，请老师不必纠正她，我想她过一阵子就会发现自己的写法是错的。我想老师面对我的要求及对豆芽的自信，可能觉得有些不可思议。孩子写错字了，不立即纠正，他们怎么改过、学会呢？

我却笃定地相信每一个孩子都有能力自己察觉并纠正错误，只要给他们一点时间。这种自我修正的能力，在幼儿时期尤其明显具备。

经过了一段不知道多久的时间后，有一天，我看到豆芽在庭院画画，她的画里有几个英文字母，其中一个是正确的S。在这之前，不管她在我面前写了几次方向错误的S，我都视若无睹地随她去错。

我问豆芽："你一直都是这样写S的吗？"

她摇头："我以前是这样写的——"

"那么，谁教你改成对的呢？"

"我觉得我写的怪怪的，好像跟老师写的不太一样……后来又看到其他同学写的都跟老师的一样，我就改成这样了……S这样写是对的吗？"

我笑笑，点点头。"对呀！你是个很棒的孩子呢！"

台湾的父母和老师习惯在给孩子问题时，只要孩子一出现迟疑或者犯错，紧跟着马上给答案。一发现孩子念错、写错一个字，立即纠正。大人们以为"我是让孩子学到正确的知识"，殊不知随时的纠正已经造成孩子学习自信心的低落，因为一旦被纠正，孩子们感受到的便是"否定"的负面讯息，紧张焦虑的心情令他们的自我检验、修正能力无由发展，然后，渐渐萎缩。时日一久，他们再也不相信自己有发现问题、解决问题的能力，只能被动地等待其他人告诉他问题出在哪里、给他答案。

幼儿学说话，道理也是一样的。

前一阵子电视上有一个广告，一个女明星飘着长发问男伴她用的是什么牌子的洗发精，男伴挨近女明星发畔正深情款款地一字字念出洗发精品牌名称时，我们全家人听到蝴蝶也跟着同步念："海—— 豚 —— 仙 —— 杜 —— 丝 ——"

刹那间，大家先是愣了一下，然后爆笑。更好玩的是，蝴蝶也跟着大家笑得人仰马翻。笑完后，她还直追问我："妈妈，你们在笑什么？"

豆芽忍不住告诉蝴蝶正确的洗发精品牌名称，蝴蝶察觉是自己令大家发笑，有点不好意思。我赶紧说："我觉得海豚仙杜丝比他们原来的名字好听、可爱！不然叫海马仙杜丝也不错！海象仙杜丝也可以呀。"

蝴蝶哈哈大笑，又继续掰了几个海什么仙杜丝的名称，很开心地化解了一场幼儿学说话的尴尬。

又有一次，蝴蝶对我说："妈妈，你今天还没有给我吃小跳鼠！"

我吓了一跳！吃小跳鼠？听起来是怪可怕的东西哪！

我跟蝴蝶比手画脚沟通了半天，我终于明白她是跟我要"小善存"！

"小善存"变"小跳鼠"？又是一阵哈哈大笑……

义正辞严地纠正她："蝴蝶，你说错了！是小善存，不是小跳鼠；不是海豚仙杜丝，是……"她当然会立刻明白自己犯的错误，但伴随而来的是羞愧、自责和自我怀疑的负面情绪，要她再有勇气学说话、胡说八道地练习，恐怕就很难了。

我们都可以理解即使是最优秀的孩子，甚或是大人，在学习的过程中总难免出错，谁说一定要永远正确呢？大人以什么态度面对孩子学习过程中的出错，对日后孩子将以何种心态看待自己的出错及失败具有关键性的影响。

要眼睁睁地看着孩子出错而不及时纠正，对台湾父母和老师而言，无疑是个很痛苦的刑罚。同时，也不免要忧心着：不告诉他哪里错、教他改正，孩子们真的可以自我修正吗？会不会就这么一路错到底、永远学不到正确的呢？

以念书为例，通常我在发现豆芽、蝴蝶念错某个字音时，并不会打断、纠正她们，而是在她们整本书念完后，再找机会多念几次正确的给她们听。在念到她们犯错的段落时也不特别提示："这里刚刚你念错了喔……"只是示范正确的念法而已。

通常在说完"你错了！"之后，我们依然会为孩子示范正确的念法。少了这句很伤人自尊的"你错了！"，孩子一样可以理解你示范的意义是协助她修正错误，但少了自我否定的焦虑和怀疑，绝对有助于学习成效。

幼儿学说话，小一的孩子学写字，初期都需要靠大量地累积字汇、语汇来作为模仿的基础。所以，要孩子习得正确的语言表达、文字书写，大人们最应该努力的是不间断地找机会和孩子说话，鼓励他多和其他人对话，而不是时时盯着他，等待纠正错误。

另一个父母很容易忧心的问题是，如果不及时告知孩子现实与虚幻的差异，恐怕造成孩子虚实不分，对现实世界的认知不够。

比如在孩子两三岁还深信世上有圣诞老公公时，就得赶紧告诉他：

“孩子，世上根本没有圣诞老公公，圣诞礼物是爸爸妈妈偷偷放在袜子里的……”

当孩子兴致勃勃地跟你分享在梦里看见了一只会飞的鱼时，也得马上纠正他：“那是做梦！是假的，不存在的。鱼是不可能会飞的……”

其实是这样的——

孩子对现实世界的理解是渐进的，随着年纪的增长，透过生活经验的累积、归纳、分析，最终到理解、认知。通常到了大班或者是小一的孩子，大约已经都可以理解“世上其实没有圣诞老公公”，而我们之所以不立时纠正孩子，甚至希望孩子们不管到了几岁，都要一直相信着圣诞老公公每一年都会为我送来礼物，是为了相信世上有梦想。有梦想的人生即使有失败、有挫折，终究还是有办法可以过得下去的……

第三辑

关于阅读、性格的培养、才艺的学习

即使你是一头小野兽，我依然爱你

蝴蝶现在念的幼儿园以前豆芽姐姐曾经念过一年大班，带她们的老师也是同一个人。兄弟姐妹念同一个学校，很多人会同时认识他们，于是，免不了地会被拿来比较一番。以前姐姐是如何如何，妹妹现在又怎么怎么的。这状况不只会出现在学校，即便是父母亲在家也很容易拿孩子们来做比较。很多时候，大人们的立意是好的，总是拿表现好的那一个当模范说给表现比较不如期待的那一个听，希望激起见贤思齐的效果。但很不幸的是孩子通常无法如父母所愿地被激励，往往是父母一句无心的比较，便很容易在孩子心中烙印下永难磨灭的印记。

我们的文化里有一个传统，就是——爱比较。好像不时时和别人比较一下，便无从定位自己。大人爱比较，从自己的年薪、车子、包包的牌子比到小孩的表现优劣，无所不比。孩子自然在潜移默化下，早早也生出随时和人一较高下的心理。

我家豆芽和蝴蝶免不了会被比较。豆芽性格温柔、体贴，对所有人都很友善合群，很快就可以融入一个陌生的环境，适应能力很强，很能随遇而安。蝴蝶个性却深得我孤僻的遗传，喜怒永远形于色，不擅礼貌性地应酬，有话直说，面对话不投机的小孩，才五岁的她也总是很明白地表现出“我不是很想跟你玩”的态度。

豆芽的个性虽然不一定人见人爱，但还算讨喜，在学校很少惹出人际问题。蝴蝶的个性鲜明，极度自我，我时常听到她自己或者幼儿园老师谈及她和某某同学不一起玩的纷扰。

我很明白我们的社会是怎么看待豆芽和蝴蝶这样的孩子。豆芽比较容易被接受，蝴蝶要面对比较多的冲撞和别人的压抑、曲解。再讲白一

点，蝴蝶可能会是被认为比较不听话的小孩。所幸我自己从小在学校也不是个乖乖牌的好孩子，我很能理解蝴蝶的处境，也打算陪她面对将来可能会遇见的挫折。这样的孩子，身边有一个可以理解她心情的人，对她的成长是很重要的。

有一阵子蝴蝶到南部玩，回来后时常自己念念有辞：“一个蛋分两半，一边是混蛋，一边是王八蛋。”原来是小表哥教她的。

小孩学语言，永远是从一些押了韵的韵文开始。韵文容易引起孩子的兴趣是因为念来像唱歌，韵脚的规则性也令孩子觉得容易掌控学习，足以引发孩子的学习热度，所以他们会一念再念。蝴蝶在家念这些内容不是太文雅的韵文时，我通常只是笑笑，并不会厉声纠正她不该念这些不雅的句子。但是，她到学校念时，情况可就不一样了……

有一天晚上，我照例和豆芽、蝴蝶聊她们这一天来的学校生活。

我问蝴蝶：“今天在学校好不好？”

蝴蝶说：“不好。”之后，她告诉我她在学校骂同学王八蛋，被老师纠正了。

我知道她骂人的王八蛋来自于她最近时常念的那段韵文，才五岁的她可能也不是很清楚王八蛋的意义。她只是隐约知道这是句可以用来骂人的话。

我明白她的想法，也可以理解学校老师处理的原则。我不能说蝴蝶的作为是对的，但她也不至于真是个坏孩子。学校的老师是不是可以深入去理解孩子表面话语底层的天真想法，或者可以明白每一个孩子的个别差异而采取不同的引导方式，我不得而知，但在老师的立场，立时纠正一个孩子不雅的骂人行为至少是没有错的。

我无法袒护蝴蝶，但也不想在她这么小时就太扭曲她的性格，高压逼迫她想也不想地顺服在大人对乖小孩的期望下。

于是，我对蝴蝶解释："你在家念一半是王八蛋时，妈妈没有说你不能念，是因为你是自己念，没有影响到别人。但是，你到学校去用'王八蛋'说其他同学时，就是骂人了。老师纠正你是对的，你不应该用这样的话骂人。王八蛋的意思是骂一个人忘了他家的曾曾曾阿祖、阿祖、阿公和爸爸，一个人忘了他自己的祖先，就是个很不好的人，你这样骂人家，是件很严重的事。"

蝴蝶好似听懂了我的解释。

我问她："以后在学校可不可以不要这样随便乱骂人？"

蝴蝶回我："那是因为那个同学如何如何，所以我才这样骂他……那好嘛，我以后不要骂他王八蛋，骂别的好了……"还是很倔强！

一旁的豆芽早忍不住了，跳起来训蝴蝶。"妈妈已经跟你讲得这么清楚了，你还听不懂吗？不要在学校骂人！你在学校被老师纠正，妈妈也会难过，你干嘛老做一些让妈妈伤心的事……"

我一听豆芽这样说，眼眶就红了。自己的姐姐尚且会这样指责她，我想到以后蝴蝶不知还要受多少这种以“道德正确”为名、不允许自我思考后再作调整的挫折，心里便觉得无比的悲伤。

但我实在不知道要用什么话能让才九岁的豆芽和五岁的蝴蝶理解这些，只好强作镇定地佯装没事，转身说：“好啦！我们要准备洗澡喽！”

我在更衣间准备衣服时，一个转身，看到豆芽和蝴蝶站在我身后，蝴蝶眼眶红红的，对我说：“妈妈，你不要为我难过，我会照你说的做到，以后不在学校骂人了……”边说已边哇哇哭了起来……

原来是豆芽发现我眼眶红了，带蝴蝶来跟我道歉，保证以后不再犯。

我帮蝴蝶擦擦眼泪，顺手一起拉过也哭成一团的豆芽。“我不是哭蝴蝶不听话，我是舍不得看到你们没有时间去想想自己应该做什么就被压着一定要怎么样，我不喜欢看到这样，不管你们现在做对做错，都要自己去想想为什么会这样。我也不要你们因为怕我伤心就去做什么或不做什么，你们要为自己做呀！我喜欢看到你们自己想清楚后、很开心地为自己做……只是这个很难，你们还太小，一下子不一定可以做到，我只是要你们知道……”

我终究还是讲了一堆我也不确定豆芽和蝴蝶可以听懂多少的话。

要透过自己思考而不是去和别人比较来理解自己、清楚定位自己，是一件很难很难的事。很多人穷其一生还不一定孩子有各式面貌，每一个都是真实的他，父母都应该接受。

做得到，我们所能为孩子做的，便是让他们知道“不管你是个怎么样的孩子，不管你在别人眼中是怎么样未社会化的小野兽”，我都愿意一直在你身边陪你；也不管你是不是会改变，我依然永远爱你……

如何培养孩子爱看书的习惯（一）：因为喜悦，所以阅读

我从小就很爱看书，没人逼迫也没人鼓励，没道理的就是爱看书。我小时候爱看的书也没什么太了不起的学问，都是虎姑婆之类的乡野传奇。我总是把我仅有的一点点零用钱拿去买故事书，一看再看。我们小时候没有现在这么精美雅致的绘本，我从小一开始就直接看文字书。上了初中之后，虽然有升学压力，我依旧一面读教科书应付考试，一面读我自己喜欢的书，那个时期我迷上了怪盗亚森罗苹和神探福尔摩斯，整天捧着侦探小说没日没夜地研究。考上第一志愿的女中之后，功课更加沉重，我还是没有放弃读课外书。高中时期是我对阅读最渴求的一段时光，我读很厚很厚的小说和中外文学名著，一本又一本。到了这个时候，我也已经写了不少文章，当时不知道但可能已经命定我将来要做一辈子跟书有关的工作了……

在餐厅吃饭等上菜的空档，也是蝴蝶阅读的时机。
她总是随身携带着一本书，阅读可以
随时随处进行……

阅读的习惯一旦养成，终生不会再改变。现在，书和阅读成了我的工作。不工作时，我依然阅读。随时随地，我的身边一定有书。回忆起小时候的阅读经验，我时常问自己为了什么理由喜爱上阅读的？

最原始、最直接的理由，我想，是因为喜悦。读书让我开心。当我读虎姑婆时，自己便化身那个被虎姑婆追着咬小指头的孩子，虽然惊恐，但有趣极了。迷上侦探小说后，我时常模仿福尔摩斯从一个陌生人的衣着来猜测他的职业、生活形态和性格，我想这是我后来喜欢上心理学的起源。看了书，胡思乱想，跟着模仿、演练，小时候这些只是好玩的举动对我日后的生活及思考、兴趣的追求，都产生了很重大的影响。

因着这样的经验，我对于豆芽和蝴蝶的阅读启发，一向是采取自然放任的态度。我唯一想努力的是——带她们发现阅读的乐趣。

我们总是告诉孩子要看书，但是，为什么要阅读呢？许多哲人先贤都曾经发表过高见……

歌德说：“读一本好书，就是和许多高尚的人谈话。”

余秋雨说：“阅读是把人从平庸的状态下拔擢出来的最佳途径，一个

人，想要摆脱五尺之躯的卑微、芸芸众生的喧闹，最有效的方式就是——阅读。”

让孩子感受阅读所能带来的乐趣和对一个人心灵的启发，恐怕才有可能吸引孩子迈出阅读旅程的第一步。

我在蝴蝶还很小的时候便带她一起读过一本讨论到阅读本质的法文绘本——《爱读书的树》(*L'RBRE LECTEUR*)。故事是这样说的……

有一个爱读书的小男孩，他时常坐在花园里的一棵树上看书，小男孩说：“这棵树很有趣，我读书的时候，所有的树叶都会凑到我身边来，好像它们也在读书呢！”

有一个夏天的晚上，下着大雨，雷电打中了爱读书的树。虽然它还是直直地站着，但是树枝几乎都变枯黑了。小男孩很伤心，妈妈为了安慰他，想出了一个把树留下来的好方法。

妈妈砍下树枝，用机器把树枝磨成粉，再加上一些河水。把树枝粉和河水混合后，放在太阳下晒干，过了几天，就变成了漂亮的纸张。一只小鸟叼了一根羽毛来送给小男孩，小男孩用羽毛沾上不同颜色的颜料，在爱读书的树做成的纸上面写故事、画画。羽毛笔在纸上轻轻唱着歌……

故事写完了，小男孩把纸折成书的形状。

最后小男孩说："它就是你现在拿在手上看的这本书……"

很多孩子以为读书是件很孤单无聊的事，从这个小男孩的阅读经验里，我引导蝴蝶去看"当你读书的时候，其实周围有很多东西都在陪你呢！如果你像小男孩一样坐在树上读书，就是有大树在陪着你一起读书喔！一点也不孤单。"

还有，你看的书里的人物也都在陪着你呢！多么热闹哪！

"最后，这个爱读书的小男孩还变成了一个写书的作者呢！他跟妈妈一样，妈妈小时候也是因为爱看书，现在才会出版书、写书……"当我这样对蝴蝶说时，她呵呵地笑着……

我很喜欢在夏天的傍晚，和豆芽、蝴蝶各自选了自己想看的书，带到庭院，倚在摇椅上读着。我不问她们问题，也不考试，更不要她们写心得报告，我只是陪着她们一起读书。有的时候，因为晚风吹得太舒服了，蝴蝶便打起瞌睡来，不一会儿就到梦里去读书了……

蝴蝶在庭院的摇椅上阅读。自由随性，永远是阅读的最佳姿势。

如何培养孩子爱看书的习惯（二）：创造一个阅读秘密基地

要让孩子爱上书、养成阅读的习惯，除了软性的阅读情绪的引导之外，硬件的阅读环境营造也是很重要的。孩子应该要有固定写家庭作业的地方，让他可以安心地在一个熟悉的地点完成每天例行的学校功课。但是，家里的阅读空间却是最好不固定的，在厨房、洗手间、卧室、更衣间和游戏室里，随处摆着书，让孩子在空间的移动和转换中都有机会拿到书，随时利用零碎的时间翻阅一两页书。随性、自在，是最好的阅读态度；随时都可以遇见书，则是孩子和书爱恋的开始。为孩子营造一个阅读空间，值得所有期待将阅读气氛带进家中的爸妈们努力。

书可以各式各款不同的形式出现在孩子的生活里……

关于阅读环境的营造，我建议爸爸妈妈们参考孩子们喜欢有专属于自己的秘密基地的概念来思考。“秘密基地”对孩子有隐密的、私我的、安全的、完全独享的意义。孩子们遇到不如意的事，会希望有一个秘密基地可以让他遮避风雨；遇见志同道合的好朋友，秘密基地就会是个很好的交心场所。秘密基地，是每一个孩子梦想中的自我城堡。所以，如果我们可以利用家里的某一个小角落为孩子建设一个阅读的秘密基地，在这个基地附近摆满书，成为孩子心灵的避风港、休憩地，对于孩子阅读兴趣的培养，应该会产生相当大的帮助。

庭院里随处散落的书是蝴蝶的好朋友。

篇章页（第122页）那一张照片是蝴蝶在我们家的“阅读秘密基地”读书的模样，通常她可以窝在那边读书读好一阵子，持久、投入的程度，绝对超乎我们一般人对一个五岁孩子的期望。

“阅读秘密基地”不需要很大的空间，顶多半个榻榻米的大小足够了。但很重要的是这个基地必须要隐密，房间或客厅的一角都可以。所谓的隐密，不一定要封闭，简单地用几个软垫分隔出这一区和家里其他的空间即可，用软垫是为了让孩子很舒服地坐着、窝着，增加他停留在这里的时间。

最最重要的一点是，孩子在基地阅读时，请绝对尊重他的自我时间，任何天大的事都不值得在此时去打扰他。一定要做到让孩子感受到——即使这不是真的密闭空间，一旦我进到这里，所有的烦扰便被阻挡在外了。在基地里，我可以自在地阅读、沉思，与自己对话……

这样的活动愈早开始愈好，不要担心孩子太小、静不下来，只要大人愿意把适当的阅读环境布置好，其他

到庭院玩时，也可以看到书的存在，但我不会要求蝴蝶每次都要读，随她开心便好……

的，就让孩子自己去体会吧。

我曾经在花莲的一所初中见过学校把一个户外的空间摆满舒适的桌椅，当做孩子们的阅读空间。孩子们在这里安静地阅读，轻声交谈讨论。那一个午后，几个十几岁的孩子低头阅读的身影几乎是我这一生见过最美丽的风景之一，至今，仍令我感动不已……

我也不太规定孩子阅读时一定要正襟危坐，闲闲地斜靠着椅背，坐在草地上，爬到树上去坐着……我喜欢看孩子们千奇百怪的阅读姿态。台湾孩子多近视，这是事实没错，但是，相信我，大部分的孩子近视来自于玩PSP、打电动和上网，和读书有关联的，微乎其微。

我还把书变成各式各样不同的形态出现在孩子的生活里。也许是做成纸卷，沿着庭院墙面环贴一圈，孩子站在哪一页面前，便从那一页开始阅读，让她们体会“阅读可以从任何一页我感兴趣的地方开始”，未必从头到尾。也可能在庭院随性地到处丢书，让孩子习惯书和其他东西一样，可以随时自然地在我的生活周遭出现。

《淮南子》上说：“仓颉作书，天雨粟，鬼夜哭。”使用文字，足以令人惊心动魄；书中所蕴涵的强大迷人的魅力，绝对能够吸引孩子，激发孩子探索未知世界的好奇。我们一向从课本上所读到的，总是让人失望至极，这是因为限制太多、乐趣太少。孩子们之所以视阅读为酷刑，还是因为规定太多、启发太少。

和孩子一起建造一个阅读的秘密基地吧！当孩子愿意邀请你一同进入他的基地时，不只阅读，亲子关系也同时精进了一大步呢！

艺术教育：如何带孩子看画展

艺术教育在我们传统的教育体系里是极不被重视的一环，因为升学考试不考。从小缺乏艺术环境的孩子长大了，为人父母或师长，也因为本身对艺术的不熟悉，即便有心也无从引导孩子进入艺术的殿堂。在这么不景气的时代，谈艺术，更可能被视为不知民间疾苦。我却还是忍不住想提醒所有正在看我的书的父母、师长们：艺术教育关乎一个人的生活质量和品味，重要性远远超越一个人是不是有钱。艺术教育可以很平实地存在生活里，不是非得花大钱培养不可的。

曾经有一个研究报告指出，在深入追踪分析全世界对艺术有卓越表现的艺术家背景后，发现这些艺术家们有一个共同的背景特点——他们生长的故乡处处是山明水秀的美丽景致。是大自然启发了这些艺术家美的天分，蕴育出这些极致美的表现。所以，最直接又精省的艺术教育就是带孩子多接近大自然，大自然是孩子最好的美学老师。

带孩子去爬山、看云、涉水，孩子便会看到树叶枝桠因着太阳光的照射所产生的光影变化，云朵因着风的吹拂而层出不穷的图案转换；孩子们会闻到花朵因着远近不同而产生的气味浓淡差异；孩子们会感受到自己身处在苍穹大地下的渺茫虚无，学会欣赏万物、敬畏天地，学会谦卑……

带孩子去看看画展，欣赏一出精彩的表演，或者听一场好听的演奏，也是带领孩子亲近艺术的好方法。而我也知道这对很多父母来说是有点难度的。之所以觉得困难，理由不外乎是“我自己也不懂艺术，去看画展时，怎么教孩子呢”或者是直觉认定“孩子还小，怎么看得懂”。

我时常带豆芽和蝴蝶一起去看画展，我的经验是如果讲太多专业的艺术专有名词反而令孩子心生畏惧，一下子就没了兴趣。我曾经看过一个父亲带儿子看画展，他拿着厚厚的一叠资料，站在每一幅画作前，逐字逐句地念出资料上的说明给孩子听，孩子面无表情地听着，父亲朗读资料的声响反而干扰了其他欣赏画作的人，没一会儿，儿子失去耐心，不想再看了。父亲可能因为自己事先已经花了时间和心力准备资料，不想就此放弃，父子两人当场僵持不下，本来是开开心心地来看一场画展，却演变成父子战争。

不专业于艺术的父母正可以用最轻松的闲聊方式和孩子谈最生活的艺术，这可能也是引起孩子艺术好奇心的最好方法。

我通常在看画展时，问豆芽和蝴蝶的，都是很生活化的问题。

比如在看过几幅画后，我会问五岁的蝴蝶："你最喜欢哪一幅画呀？"这是完全没有标准答案的开放式问题，她可以随自己的心意作答。没有标准答案的问题往往令孩子放心，因为没有人可以评断她对错，因而孩子比较愿意畅所欲言地发表意见。不管她答的是哪一幅，我都会接着问"为什么"，我要听她的理由。之后，不管她说的理由是什么，我都会表示赞赏，以便激励她往后再继续发表高见。

在家插花、做点心摆盘，是孩子们的生活美学课……

同一个画展的画，我问九岁的豆芽的问题便有点难度。我会问她："在这么多幅画里的人物，你觉得哪一个看起来最悲伤？哪一个看起来最快乐？"要形容画中人物的悲喜，豆芽得从人物的面部表情、举止动作、衣着打扮，甚至是人物所处的环境去找线索。刚开始时，她可能只找出一两个足以支撑她的观点的理由，渐渐地，看过的画作愈多，她所能提出的观察愈细腻。原本是一幅静止的画作，逐渐地在豆芽眼中活了起来，她在画中看见了人的情绪，悲伤或是快乐……

看画展时，我使力最多的是想办法让孩子开口发表意见。问孩子问题有时他不一定愿意回答，那么，就装傻吧！

看画时，我时常会装傻地问蝴蝶："那是什么呀？我怎么看不太出来呀？"

蝴蝶会仔细看看，然后回答我："那是个老婆婆呀，你没看到呀？"

继续装傻："真的呀！果然是个老婆婆呢！奇怪了，我刚刚怎么看不出来呀。"

蝴蝶会忍不住地更进一步向我说明："妈妈，你要仔细看，因为老婆婆站在门里面，里面暗暗的，照不到太阳，如果是这边……"蝴蝶用手比划画作另一边光亮面，"这边比较亮，太阳照得到，老婆婆站在这里，你就可以看得很清楚了……"

一个五岁的孩子已经可以理解"白天太阳光照得到的地方比较明亮，夜晚没有太阳光时比较黑暗"，我只是想办法把她对日常生活的理解经验转移到画作的欣赏上，而她描述的正是明暗的对比和光影在一幅画里所可能产生的效果呢。

有一次蝴蝶看到一幅画着小女孩挤牛奶的画，她对我说："妈妈，这个牛奶好像真的可以拿起来喝喔……为什么可以画得这么像呢？牛会动来动去呀，这个画画的人是把牛拍照下来再画吗？"当我告诉她那个时代是没有摄影技术的，蝴蝶更是惊讶得嘴都合不拢了。

这是我和豆芽、蝴蝶看画展的经验——有时我问问题，有时孩子们问我问题。当然，也有更多的时候我们只是各自静静地欣赏画，把感动留在自己心底而已……

《太阳剧团》的精湛演出令豆芽和蝴蝶对艺术有了另一番体认。

蝴蝶学游泳

蝴蝶有鼻子过敏的毛病，时不时就要发作一下，为了调她的体质，我总是鼓励她多多运动。在众多运动选项里，我特别偏好游泳。

豆芽姐姐已经学会游泳两年多，健康开朗，身形矫健，我很希望蝴蝶也可以早早学会游泳。

一天，我和蝴蝶一起洗澡，看她玩水玩得很开心，我趁机游说：“蝴蝶哪，和豆芽一起去学游泳好吗？”

“不要！”蝴蝶回绝得很干脆、果断。

我不死心。“你鼻子很容易过敏，学会游泳对你的身体好，以后就不会常常生病喽……”

“我怕水，会被淹死！我不要！”

“不会！不会！游泳教练会保护你的，不会有危险，不要怕！游泳可以让你的身材变得很健美喔，长大以后会很漂亮呢！”我把美好的远景描绘到十几二十年之后。

蝴蝶还是很固执地回我：“不要！”

我还想再说，蝴蝶立刻笃定地告诉我：“妈妈，你不要再说理由了，我就是决定不要学游泳了！”才五岁呢！那气势、那神态之坚定，一时之间，我恍惚以为眼前的是二十五岁的蝴蝶在告诉我：

“妈！我就是要嫁这个人了，你怎么阻止都没用……”

我惯常不会强迫孩子依着我的意志做决定，我总是和她们谈我的想法、我的意见，有时便随她们自由决定去，有时要点孩子还不太能理解的暗招，诱使她们做出如我期望的决定，这要看事情的严重性及当时的状况而定。就学游泳这件事，我很希望蝴蝶做出符合我期待的决定。可惜，似乎很难。

洗完澡，豆芽帮蝴蝶吹干头发。我像泄了气的皮球，瘫坐在沙发上，盯着两姐妹看。细心的豆芽发现我的失望神态，问我：“妈妈，怎么啦？”

为了避开蝴蝶的耳目，我无声地用唇形对豆芽努嘴：“叫蝴蝶去学游泳，我说没有用……”

冰雪聪明而且时常站在我这一边的豆芽，立时对我会意地一笑。

转头对蝴蝶说：“蝴蝶，你知道吗？我们去游泳好好玩呢……教练会让我们玩水球、浮板，坐在浮板上像坐船一样，摇来晃去的，好有趣呢！刚开始学，我们小孩子都怕水，教练会把我们扶得很稳，让我们慢慢学……”

蝴蝶闷不吭声，她背对着我，我也看不清她的神情，真是急死人了！到底有没有被说服哪？

豆芽倒是稳稳的，似乎很笃定蝴蝶会听她的。“明天我要上游泳课，你一起去试试看吧！如果觉得不好玩就算了。不过，我相信你一定会跟我一样觉得很好玩的。”

蝴蝶转过身来，笑着呢！“好呀！我们明天一起去游泳。”跟刚刚回绝我时一样爽快！

我几乎要跳起来欢呼：“豆芽万岁！”

事后，我一再地回想我和豆芽对蝴蝶的说服效果怎么会有这样大的差异呢？我说错了什么？豆芽说了什么足以扭转蝴蝶心意的话呢？

我对蝴蝶说了千百种游泳的好处——对身体健康有帮助，可以改善她的鼻子过敏毛病，还有更厉害的是将来长大身材会好呢……

豆芽说的是——好玩！就是好玩！还有，她针对蝴蝶怕水的恐惧心理提出了教练会把孩子们扶得很稳！而我只是说："不会有危险啦！"

差别就在这里！

豆芽用具体的事实解除了蝴蝶的疑虑，而我只是依大人的经验说了只有大人知道的空话。豆芽用孩子最在意的"好玩"来吸引蝴蝶，而我讲了一堆五岁的蝴蝶现在完全不感兴趣的什么健康啦、身材之类的只有大人才会慎重看待的好处。

豆芽设身处地、感同身受地理解蝴蝶的疑虑、担忧和恐惧。所以，蝴蝶放心地信任豆芽，接受了豆芽的意见。

豆芽帮我上了一堂说服人的课。这堂课要学成，不必多聪明，无需多智慧，只要真诚。自然不狡诈的真诚。

好不容易才说动蝴蝶学游泳，但是，蝴蝶的第一堂游泳课并不顺利……

她们那一班六个小小孩，看来个个都怕水。教练希望他们试试把头整个潜进水里，这是学游泳的第一步。有的小孩哭了，死命巴着边栏，不肯下水。蝴蝶硬着头皮走到试水位子，我远远地只见她抿着嘴、猛对教练摇头，想来还是不敢尝试。教练无奈地陪这几个孩子玩，虽然也曾努力要说服孩子们把头潜入水里，但始终无法成功。我又碰到了另一个大难题……

我照样向豆芽求救。

这一天傍晚，豆芽在按摩浴缸里放满了水，邀蝴蝶："我们来泡澡。"蝴蝶马上欢呼答应。

但豆芽说："把泳帽和蛙镜戴着，我们来玩游戏。"我也跟蝴蝶一样很好奇，到底豆芽要玩什么把戏呢?

我躲在浴室门边偷偷观望。

豆芽把一堆小玩具人偶丢进大浴缸里，对蝴蝶说：“我们来比赛谁从水底拿到的人偶多……”游戏规则很简单，蝴蝶懂了，接受挑战。

一声开始令下，豆芽整个头立刻埋进水里，眼疾手快地拣起一个个人偶；蝴蝶只用手伸进水里瞎捞，因为她的头不敢潜进水里，眼睛看进水里有视差，瘪手瘪脚地，怎么都捞不到。胜负立现。豆芽得意，蝴蝶懊恼不甘。

“再一次！”蝴蝶下战帖。正合豆芽心意，我也看明白豆芽的心机，乐观战局进行。

蝴蝶还是输了。她还是不敢把头潜进水里。但我看得出来她知道她为什么输了，还在挣扎着。

玩了几次后，连连吃败仗的蝴蝶终于忍不住把头潜进水里、快手快脚地拣了好几个人偶。冲出水面那一刻，蝴蝶大大地呼了一口气，把手上的玩具小人偶举得高高的，像是个奥运金牌选手，得意、欢呼。

我几乎快乐得掉泪……

奥运金牌教练豆芽又换了一个游戏，她这次先潜进水里，用手在水底比数字，然后要蝴蝶也潜进来看、说出数字。蝴蝶轻松愉快地过关，豆芽拥抱她、称赞她，一次又一次……

再一次上游泳课时，蝴蝶是全班唯一一个进展最快、开始学习潜水的孩子。当教练还在苦劝其他孩子把头潜进水里一点点时，蝴蝶独自在

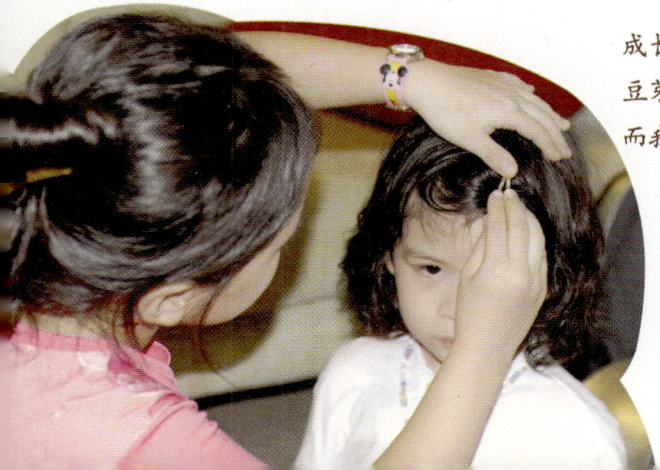

成长的过程很艰辛，需要人陪伴，一起学习……
豆芽引导蝴蝶，为她打扮，替她拭泪……
而我，只是静静地看着她们……

一旁大吸一口气后，没入水中……

学习，刚开始的快乐大都源自于“有一个激励你的学习动机”，对蝴蝶来说，学游泳是好玩。一旦投入，真正面对混沌未明的新知识（技法或理论），初始的懵懂无知和抓不着头绪的烦乱、惊恐，便开始挫折原先兴致勃勃的学习心志，有些人在这个阶段就放弃了，于是，认定学习是件完全无乐趣可言的苦差事；有些人耐着性子面对这一段为期不算短的学习艰困期，逐渐理出属于自己能理解的章法，分析、归纳、思索、组织，慢慢拨云见日，技法、理论一日日精进，心情日渐舒坦，终于完成“学习”的整个过程，体会学习的乐趣，学习成果指日可待。

我看到蝴蝶在豆芽的协助下，经历了一次“完整的学习过程”。

蝴蝶之所以可以很快地克服学习困境，我和豆芽的陪伴、支持，应该是很关键的因素吧。这样的陪伴对一个开始要学习着面对陌生世界的孩子来说，提供的是一股安定的、坚强的力量，让她可以安心地去试、去闯、去飞……

那么，才九岁的豆芽为什么有这样的力量与能力陪伴蝴蝶呢？我想，是因为她也曾经这样被陪伴过吧……

从拼图游戏学习自我成就的能力

做一件事，不一心只想着名利，不期待来自外在的肯定，不为讨好取悦任何人，只是单纯地为了乐趣，为了成就自我，每个人的一生中至少都应该要有一次以这样的心态做事的经验。

而这个经验愈早发生愈好。

除了阅读，我一向认为“拼图”也是个很好的幼儿工作项目。经由独自完成一幅拼图的过程，幼儿可以在生命初期即体验我上面所说的那种不为外力肯定、单纯成就自我的经验。

蝴蝶在一岁多开始接触拼图。即使在多年以后，我依然记得那一个假日早晨蝴蝶拼图的画面……

那一天早上，爸爸和豆芽姐姐都还在睡觉，蝴蝶起得很早，我帮她准备好拼图后，坐在沙发上看报纸。蝴蝶那时才一岁多，她在离我大约三大步距离的小桌上拼图，站着，背对着我。

过了一下子，蝴蝶半转过身来叫我：“妈妈……”因为她还不是很会说话，只是盯着我看，我一下反应不过来她叫我做什么。

后来我意识到她可能是拼图拼对了，向我要鼓励。我也没有起身查证她到底拼对了没，马上用力地拍拍手，还一边近似欢呼地对她喊：“蝴蝶好棒好棒！”然后，蝴蝶带着很得意的笑容转身，又回去拼她的拼图。

过了几分钟，她又半转身看我。这次我不等她开口叫我，立刻又欢呼又鼓掌地大喊：“蝴蝶好棒好棒！”如此一次又一次……

后来，我发现蝴蝶每一次回头向我要鼓励的时间间隔渐渐拉长了，她似乎愈来愈沉醉在拼图世界里。隔天，我依然为她准备了同样的拼图，在她整个拼完的过程中，回头要我拍手的次数只有两次，她投入的时间愈来愈长。连续几天之后，她独自默默地完成拼图，看也没看我一眼，自己去找别的玩具玩了。

我很仔细地回想、思索她几天来玩拼图的过程反应——通常一个小小孩刚开始做一件对她来说有点难度的活动时（比如拼图），她很需要来自于外力的肯定和鼓励，协助她建立克服困难的信心。如果这个鼓励是来自于幼儿最信赖的妈妈，影响力当然更大。渐渐地，当她很投入工作时，藉由专注地感受来自于工作内容本身的乐趣和克服困难的成就感，她会慢慢忽略外力的肯定。这个时候支持她继续工作的动力转化成内心渴望自我成就的力量，逐渐地，她再也不需要别人的肯定来支撑了。

大部分的成人在决定做不做一件事时，惯常考虑的点永远是名利和来自于外在的肯定，做一件事最需要也是最重要的“热情”和“乐趣”却往往被忽略，这恐怕是根源于我们的传统教育里始终缺乏自小引导孩子去体会自我成就的感觉吧。而没了热情和趣味的工作或事业，往往是很难成功的，即使侥幸成功了，表面的快乐依旧难深入内心底层。

我始终相信幼儿和大人一样，有能力完整地经历各种有关于人性的复杂体验，并且从这些内在情感的变化过程中建立自我的人格特质。一个一两岁的幼儿可以同时拥有天真的笑靥和深刻的专注力，有时跑跑跳跳，有时安静专一，同时体会动与静带给身体、感官和心灵上的不同悸动。

千万不要错把孩子的天真、单纯误为无知无能，用心地观察孩子，你将会发现隐藏在这一个个小小的身躯里的，是一个个潜力无限、令人激赏的伟大灵魂……

体验式教育：说是一回事，做了才知道是怎么一回事

美国著名的教育学者杜威（John Dewey，1859—1952）早在二十世纪初就提出“做中学”（Learning by Doing）的教育理念，最有效的学习，不是让孩子定定地坐着听大人讲，而是鼓励孩子自己亲自动手操作、体验。

可惜的是，我想很多大人基于安全或爱护孩子的理由，早已经忘了这个其实很显而易见的有关学习的道理。

在我针对父母亲开设的“父母成长课程”里，除了和妈妈们分享、讨论各种教养的议题外，我更希望的是重新唤起大人们对“体验学习”的重视。所以，我在中餐的部分设计了一些简易的餐点准备功课，让妈妈们有机会看到“厨房也可以是孩子学习的空间，不尽然只存在着危险”。

通常在上课的前一天，我会采买食材（现在大都是豆芽陪我一起张罗），在晚上或隔天一早把一部分需要花多一点时间烹煮的食材先处理好，预留一点连孩子都可以帮得上忙的部分给来上课的妈妈们在当天一起动手完成。我总是告诉妈妈们：“你们现在做的，就是平常豆芽和蝴蝶在家可以帮我做的部分……”

对于孩子的教养，我一向奉行——体验式教育。在课堂上学到的大都是考过就丢的知识，让孩子亲自动手做的体验式学习，孩子透过操作、劳动，甚至是冲突、挫折，所学到的东西才有可能内化成自己的一部分，真正成为可以活用的知识。

“做中学”不仅仅是指有形的技能知识的学习，即便是品格特质方面的培养，光是说说而已，和实际的让孩子亲身去体会感受，还是会产

蝴蝶的每日实做点滴：做蛋糕、晒衣服……

生很不一样的效果。

我一向很重视环保，平常豆芽和蝴蝶在家也要帮忙做垃圾分类的工作。对于争议不休的“是否要兴建苏花高[1]”这个议题，我们一家自然是倾向以环保为重的不兴建。有一回我们全家开车到花东玩，车子行驶在蜿蜒曲折的苏花公路上，前头狭窄坎坷的小路上挤着危危颤颤的一辆大卡车，我们很牛步地跟着，似乎一个不留神就要落到悬崖底，偏偏后头还有些不耐慢行久候的拼命三郎硬要在看不到来车的弯道上冒险超

[1] 台湾苏澳到花莲的高速公路。

车，险象环生。好几次，我和豆芽、蝴蝶被吓得几乎要尖叫出声。

“爸爸，你走别的路嘛，这里好危险哪！”豆芽、蝴蝶齐声要求。

“没别的路好走了！去花莲就只好走这一条苏花公路……”

豆芽和蝴蝶呆了好半天，然后，豆芽首先说：“那我赞成建苏花高了，花莲人太可怜了，回家要这样冒险……”

五岁的蝴蝶也说：“对！这条路太危险了。”

身历其境的震撼让她们开始动摇以往支持环保的理念。毕竟，真的是说说容易哪……

我提醒她们：“建了苏花高会严重破坏台湾东部的生态环境……”

两个小女孩沉默不语。我也没有答案可以告诉她们……

当我们住在交通四通八达的台北市时，如果你不亲身体验一遭苏花公路的险峻，便永远无法体会花莲人喊着“我们只是要一条平安回家的路”时心底的酸楚和无奈。于是，你可以依旧坚持环保和地球的永续生存这个大我应该摆在首位，但是，在秉持这样理念的同时，因为体验过花莲人的苦，你便

蝴蝶的插花作品。蝴蝶每天和妈妈一起插花装点家里……

可以理解、包容他们要求平安回家的路的心情，而不再只是指责他们自私、不顾环保。

很多问题不是非黑即白，也没有绝对的对错。有了真实的体验，才能在捍卫真理的同时，也有体谅与尊重。

太多时候，我们教孩子说得太多、做得太少。所有我们时时挂在嘴上说的，是不是真是那样坚不可破？是不是真值得信仰不移？

谁知道！

蝴蝶专心致志地做陶杯。
引起孩子的学习兴致，便能看到孩子的专注……

关于孩子的才艺课……

关于孩子的才艺课，我主张要依“适量、适情、适时”的原则。

适量，即是不贪多，刚刚好就好。怎么样算刚刚好？看孩子的反应准没错。一周七天的时间，填个五六项才艺课，再加上学校的课业和安亲班，再有趣的才艺课都令人反胃，因为来不及消化，赶场上课徒增压力，一点乐趣都谈不上。适情，是要看孩子是不是有学习某项才艺的天分才情和心情，父母一心一意自作多情地逼迫孩子去学一个他不感兴趣的才艺，结果往往是赔了钱财又伤了亲子和谐，极不划算。

适时，是要看孩子的身心发展时机适不适合学习某项才艺了。比如芭蕾，牵涉到孩子肢体的成熟度与柔软度，不是愈早学就愈好；又比如钢琴，并不是每个孩子天生就是莫扎特，也不要以为两三岁早早学钢琴，日后便是神童；又或者是画画，小小孩还无法理解绘画技巧，在家随意涂鸦不好吗？

我家五岁的蝴蝶目前上的课是云门舞集的律动课和游泳。这两个项目严格说来还真是不能算才艺课，比较偏向“运动”。我认为小小孩最初的人生功课应该是“先认识自己的身体”，当一个小小人儿对自己的身体有多少掌控能力、有多少潜能都还不清楚时，是很可能产生诸多疑惑的。比如你不知道你有多大的能耐可以走多远，也不清楚自己的脚可以跳多高、手可以伸多长，很多事可能会因这些不确定而不敢贸然尝试。有句话说“头脑简单、四肢发达”，我们的传统教育重智能、轻肢体，孩子们从小对身体的认识有限，因此也学习受限而不自知。所以，我在我家小朋友学龄前这一段时期，花了比较大的力气和时间引导她们先熟悉自己的身体。

比较大的豆芽姐姐的才艺课修习的是钢琴，一周一次一小时的课。

豆芽小一时，我建议她学习一项乐器，至于是什么样的乐器，我把选择权交给她。

“人哪，免不了总有孤单的时候、心情郁闷的时候，如果你学会一种乐器，心情低落时可能就会是你安慰自己的一种方式。开心的时候，也可以作为和人同乐分享的媒介……总之，好好地学个乐器，是很好的怡情养性的方法。”当时我是这样对豆芽说的。

之后，她考虑了一阵子，最终告诉我她选择钢琴，又自己指定要跟她幼儿园那位很厉害的钢琴老师学习。我便帮她安排好乐器和老师，开始了她的学琴之路……

很多父母把学校考试那一套模式套到孩子的才艺课来。上了钢琴课，之

有些才艺课大可以在家上，比如画画。
每个孩子天生都有绘画的本能，
只要大人不给过多的限制，
每个孩子都可以是小小画家……

后规定孩子每天要花多少小时练习，一段时间后，还要参加检定测试，然后还要开个演奏会，表演一下。过程中孩子如有表现不佳或是不从，立刻责骂孩子不成材、不长进。

一旦父母以学科考试的模式来运作孩子的才艺课，那么，孩子自然也会以应付考试的心态来看待才艺课。没了热情和趣味的才艺课，终于沦落到和准备学校考试一样的命运，成为亲子之间的另一个战场。

蝴蝶的涂鸦作品。

学习乐器（或者是任何形式的才艺课）都让它回归到最原始的以“休闲”“有趣味”为目的吧，不必要加入太多功利的、表现的期待。父母可以轻松看待孩子的才艺课，孩子才有可能找回乐趣。有了乐趣，他自然愿意亲近，时不时地拿出来练习一番，完全不用旁人逼迫。

在豆芽学钢琴的这两三年中，我未曾要求她要精练到什么境界，她倒是一本一本乐谱地持续学习下去。偶尔在家人聚会时，开开心心地弹一曲娱乐大家。我始终不清楚她的钢琴演奏功力到底是在哪一个层级，真的，那不重要，要紧的是她弹得开心。

很多时候，我们愿意花大钱送孩子去学习多项才艺，却忽略了父母本身的某些专业也值得孩子学习。豆芽和蝴蝶很小就开始摸相机，透过相机留下她们眼中的世界，因为，爸爸是专业的摄影师。是不是期望她们将来也成为专业的摄影师呢？倒未必。摄影只是我们用来让她们认识世界的其中一个方法。任何一项才艺不都是这样吗？

我始终认为父母对孩子最大的责任是带她们看世界上各种不同的可能，给机会让她们亲身去接触，然后，孩子们会依着自己的兴趣去决定他们自己的未来。我们呢，就是给予最大的支持和祝福吧……

选题策划　卢　芳　白　静　雷　茜
责任编辑　白爱宝　孙冬梅
版式设计　曾新蕾
责任校对　贾静芳
责任印制　曲凤玲

图书在版编目(CIP)数据

蝴蝶·走走看看:关于孩子的生活、教育与学习/谢淑美著.—北京:教育科学出版社,2010.12

ISBN 978-7-5041-5444-6

Ⅰ.①蝴…　Ⅱ.①C…　Ⅲ.①儿童教育:家庭教育　Ⅳ.①G78

中国版本图书馆 CIP 数据核字(2010)第 243469 号

出版发行	教育科学出版社		
社　　址	北京·朝阳区安慧北里安园甲 9 号	市场部电话	010-64989009
邮　　编	100101	编辑部电话	010-64989395
传　　真	010-64891796	网　　址	http://www.esph.com.cn
经　　销	各地新华书店		
印　　刷	保定市中画美凯印刷有限公司		
开　　本	168 毫米×220 毫米　16 开		
印　　张	10.5	版　　次	2010 年 12 月第 1 版
字　　数	130 千	印　　次	2010 年 12 月第 1 次印刷
定　　价	35.00 元	印　　数	1—10 000 册

原著书名：蝴蝶·走走看看：關於孩子的生活、教育與學習
作　　者：Carol 謝
出 版 者：大穎文化事業有限公司
（奥林文化事業有限公司關係企業）

Carol作品集

Carol作品集

Carol作品集

Carol作品集